Paul Grabein

Die altfranzösischen Gedichte über die verschiedenen Stände der Gesellschaft

Paul Grabein

Die altfranzösischen Gedichte über die verschiedenen Stände der Gesellschaft

ISBN/EAN: 9783743488045

Hergestellt in Europa, USA, Kanada, Australien, Japan

Cover: Foto ©Thomas Meinert / pixelio.de

Manufactured and distributed by brebook publishing software
(www.brebook.com)

Paul Grabein

Die altfranzösischen Gedichte über die verschiedenen Stände der Gesellschaft

DIE
ALTFRANZÖSISCHEN GEDICHTE

ÜBER

DIE VERSCHIEDENEN STÄNDE DER GESELLSCHAFT.

INAUGURAL-DISSERTATION

VERFASST UND DER

HOHEN PHILOSOPHISCHEN FAKULTAT

DER

VEREINIGTEN FRIEDRICHS-UNIVERSITÄT

HALLE-WITTENBERG

ZUR

ERLANGUNG DER DOKTORWÜRDE

VORGELEGT VON

PAUL GRABEIN

AUS BERLIN.

HALLE a. S.

MEINEM VATER.

Gaston Paris in seinem Manuel de l'anc. franç. S. 153, charakterisiert die von mir behandelten Dichtungen folgendermassen: „Une catégorie des poèmes qu'on peut appeler les Etats du monde, dans lesquels on passe en revue toutes les classes de la société en signalant leur vices et leur défauts et en les engageant à s'en corriger."

Demgemäss wird es die Aufgabe der vorliegenden Arbeit sein, im ersten Teile die Art und Weise darzuthun, in der die Dichtung die Zustände der zeitgenössischen Gesellschaft kritisiert, im zweiten Teile die Massnahmen zusammenzustellen, von denen sie sich eine Besserung der Zeitlage verspricht.

Es wurden hierzu die nachstehend verzeichneten Werke benutzt:

1. Cond. = Dits et contes de Baudouin et Jean de Condé; édit. Scheler. Brux. 1866.
2. Muis. = Gilles li Muisis, poésies; édit. Kervyn de Lettenhove. Louvain 1882.
3. Watr. = Watriquet de Couvin; édit. Scheler. Brux. 1868.
4. Rtbf. = Rustebuef, oeuvres complètes; édit. Jubinal. Paris 1839.
5. Kressner = A. Kressner: Rustebuef's Gedichte. Wolfenbüttel 1885.
6. Desch. = Eustache Deschamps, poésies morales et historiques. Paris 1832.
7. St. Hilaire. = Queux de Saint-Hilaire: Oeuvres complètes d'Eustache Deschamps. Paris 1878—87. (Soc. des anc. textes français.)

1

8. Man. = Jos. Kremer, Etienne von Fougères livre des manières in Ausgab. u. Abhdl. a. d. rom. Phil. von E. Stengel. Marburg 1887.

9. Compl. = Complainte de Jérusalem in Codex manu scriptus Digby; édit. E. Stengel. Halle 1871.

10. Bible Gu. = Wolfhart und San Marte: Des Guiot von Provins bis jetzt bekannte Dichtungen. Halle 1861.

11. Bible Ber. = Li Bible du Seigneur de Berzé in Barbaran, Nouv. édit. par Méon. t. II.

12. Ailes. = Raoul de Houdan, roman des ailes de la Courtoisie; in Scheler, trouvères belges. II. Louvain 1879.

13. Beaudous. = Li enseignement de Robert de Blois in sein. roman de Beaudous. édit. Dr. Jacob Ulrich. Berl. 1889.

Jgl. =
Jubinal,
jongleurs
et trou-
vères.
Paris
1835.

14. Sauvage d'Arras, de dame Guile. Jgl. S. 63—68.

15. De dan Denier. Jgl. S. 94—100.

16. Le despit au vilain. Jgl. S. 107—109.

17. Le dit de fevres. Jgl. S. 128—137.

18. Le dit des boulangiers. Jgl. S. 138—142.

19. Le dit des taboureurs. Jgl. S. 164—169.

Jub. = Jubinal, nouveau recueil de contes, dits, fabliaux. Paris 1842.

20. Gieffroy, le dit des mais. I. Jub. S. 181—194.

21. Gieffroy, le dit des patenostres. I. Jub. S. 238—249.

22. Le mariage des filles au diable. I. Jub. S. 283—292.

23. Rustebuef, le dit du roy. I. Jub. S. 342—351.

24. De triacle et de venin. I. Jub. S. 360—371.

25. Le dit de gentillece. II. Jub. S. 50—57.

26. Le dit de perece. II. Jub. S. 58—64.

27. Des sis manières de fols. II. Jub. S. 65—72.

28. Rustebuef, un dité de verité. II. Jub. S. 83—87.

29. Rustebuef, le dit de la queue de Renart. II. Jub. S. 88—95.

30. Les droiz au clerc de Voudai. II. Jub. S. 132—149.

31. Les vers du monde. II. Jub. S. 124—131.

32. Li doctrinal le Sauvage. II. Jub. S. 150—161.

33. Rois de Cambrai, la séncfiance de l'A B C. II. Jub. S. 274—278.

34. Des prélar qui sont orendroit. II. Jub. S. 316—325.

Le dit des marcheanz in

35. Mont. = Montaiglon, recueil général des fabliaux. Paris 1872. t. II.
36. Hist. litt. = Histoire littéraire de la France.
37. Gaston Paris = Gaston Paris, manuel de l'ancien français. Paris 1888.
38. Rosières = Rosières, histoire de la société française au moyen âge. Paris 1880.
39. Dulaure. = Dulaure, histoire civile, physique et morale de Paris. Paris 1825.
40. Joinville. = Joinville, oeuvres. éd. Wailly. Paris 1867.
41. Alwin Schultz. = Alwin Schultz, höfisches Leben zur Zeit der Minnesänger. 2. Aufl.
42. Meiners. = Meiners, historische Vergleichung der Sitten u. Verfassungen des Mittelalters. Hannover 1493.
43. Vaublane. = V<u>te</u> de Vaublane, la France au temps des croisades. Paris 1844.
44. Pigeonneau. = Pigeonneau, histoire du commerce de la France. Paris 1885.
45. Bousquet. = Bousquet, histoire du clergé de France. Paris 1847.
46. Camoin. = Camoin de Vence, magistrature française. Paris 1862.

Soweit die Texte bezw. deren Verfasser sich zeitlich und örtlich bestimmen lassen, sei dies in Folgendem gethan.

Ins XII. Jahrhundert gehören der Dichter des doctrinal Sauvage, der zu Arras lebte, und Stephan von Fougères, der von 1168—1178 Bischof in Rennes war. Um das Jahr 1200 verfasste Raoul de Houdan, der selbst die Picardie als seine Heimat nennt, den Roman des ailes de la Courtoisie. Zwischen 1203—1208 entstand die Bible des Guiot de Provins; Verfasser der Bible Berzé (1225 bis 1230) ist Hugues Seigneur de Berzé, ansässig in Berzé-le-Châtel bei Mâcon in Burgund (vgl. hierüber Gaston Paris in Romania XVIII S. 553 ff.) Um 1218 ist die Entstehung der Complainte de Jérusalem anzusetzen und zwar in der Picardie. In die Jahre 1240 bis 1280 fällt die dichterische Thätigkeit des Baudouin de Condé. der in Flandern lebte; seine Zeitgenossen sind Rustebuef, der in Paris lebte (1255—1285, die Zeit seiner litterarischen Produktion) und Robert de Blois, der in der Regierungszeit Philipps III. (1270—1285) blühte. Dem XIII. Jahrhundert gehören ferner noch le Roi de Cambrai und der Clerc de Voudai in Brie an.

Im XIV. Jahrhundert lebte Gilles li Muisis, der Abt zu Tournai war, und dessen litterarische Thätigkeit erst in seine letzten Lebensjahre fällt. In den ersten vierzig Jahren dieses Zeitraumes dagegen lebte und dichtete Jean de Condé, ·der Sohn Baudouin's, als Sänger am Hofe des Grafen Guillaume de Hainaut In dieselbe Periode fallen die Produktionen von Watriquet de Couvin, den wir um 1320 als Sänger am Hofe des Grafen von Blois finden. Der zweiten Hälfte des Jahrhunderts dagegen gehört Eustache Deschamps an, der in seiner Eigenschaft als königlicher Beamter häufig seinen Wohnort wechselte, der indes längere Zeit Bailli zu Senlis in der Champagne war; seine dichterische Thätigkeit fällt der Hauptsache nach in die Zeit von 1375—1400.

Um die Ergebnisse der vorliegenden Arbeit kurz zusammenzufassen, so zeigt sich zunächst, dass die satirische Dichtung ihre Zeit nur einseitig beleuchtet. Sie bietet nur eine Darstellung der Fehler und Ausschreitungen ihrer zeitgenössischen Gesellschaft. Es ist dies indes durch ihre Tendenz bedingt: da es ihre einzige Aufgabe ist, ihre Zeit bessern zu wollen, so ist es zweckentsprechend, in dem Spiegel, den sie der Gesellschaft vorhält, nur die entstellenden Züge erscheinen zu lassen. Infolgedessen ist die behandelte Dichtung für den Kulturhistoriker ein Material, das er nur mit Vorsicht gebrauchen darf.

Was die Schilderung selbst anbelangt, so erweist sich, dass die Dichtung sich zwar meist an geschichtlich verbürgte Facta hält, aber es macht sich ein Mangel an objectiver Beurteilung derselben bemerkbar, eine Erscheinung, deren Erklärung wir gleichfalls in der tendenziösen Voreingenommenheit gegen ihr Zeitalter suchen müssen. Dieser ausgeprägt pessimistische Zug spricht sich am deutlichsten in den Gedichten des Gilles li Muisis aus, und er selbst äussert auch wiederholt die geringe Meinung unumwunden, die er von seiner Zeit hat:

I. Muis. 272, 7: Parler voray dou sièkle petit, qui keurt ore,
Car il n'est mie digne k'on en fache mémore.

ib. 275, 1: Chou k'on voit à présent, c'est tout abusions.

ib. 292, 2: Li temps se desnature, se doit à tous deplaire:
Che sanle que li sièkles doit tost à sa fin traire.

Was schliesslich die Art der Kritik betrifft, welche die Dichter an ihrer Zeit üben, so müssen wir im Allgemeinen die Schärfe und Freimütigkeit des Urteils anerkennen, das sich weder vor weltlicher noch geistlicher Autorität scheut.

Hinsichtlich der Art und Weise, wie die Dichtung die Besserung ihrer Zeit bewirken will, so zeigt sich, dass sie keine Reformation, sondern eine Rekonstruktion im Auge hat, und das beweist Mangel an politischem wie historischem Verständnis. Es wird nicht der veränderten socialen Lage Rechnung getragen, vielmehr sucht die Dichtung ausschliesslich das Heil der Gesellschaft in der Wiederherstellung der Zustände der „guten, alten Zeit", die ihr als Ideal vorschwebt. Gilles li Muisis, der als Typus der behandelten Richtung gelten kann, bekennt dies ausdrücklich:

I. Muis. 274, 7: Je volray parler dou boin anchyen tempore,
Cheli rameura Dieus, si li plaist, bien encore.

Dieses goldene Zeitalter hat aber in Wirklichkeit in Frankreich ebensowenig existiert wie irgend wo anders, es ist nur eine dichterische Ausgeburt. Selbst die von Gilles li Muisis I. S. 288 gerühmten Regierungszeiten von Louis Saint, Carl von Anjou und Philippe III. erscheinen im Lichte der historischen Kritik wesentlich anders als sie uns die Dichtung malt. Besonders scharf tritt dieser Irrtum an den übertriebenen Vorstellungen zu Tage, die sich die Dichtung von dem Rittertum jener „guten, alten Zeit" macht. Die Geschichte lehrt mit schonungsloser Klarheit, dass die sagenumwobene, vielbesungene Ritterzeit nie existiert hat, wenigstens nicht in der Art, wie es die Poesie haben will, und dass die Ritter vom Schlage eines „Bayard" selbst in der höchst entwickelten Periode dieses Zeitraumes sehr selten gewesen sind (vgl. II. Vaublane. S. 200). Jener oben erwähnte Mangel an historischem Verständnis, der sich in dem Bestreben zeigt, eine überwundene Entwickelungsphase gewaltsam zurückführen zu wollen, tritt am klarsten hervor in dem Hauptbestreben der Dichtung, das Rittertum wiederherstellen zu wollen — ich meine das Rittertum als sociale und militärische Institution, wie es in Wirklichkeit bestanden hat. Nur bei Guiot vv. 122—126 findet sich eine Andeutung der richtigen Erkenntnis, dass der Verfall des Rittertums ein naturgemässer, als der einer überlebten Einrichtung und darum unaufhaltsamer sei; die übrigen Dichter sind allgemein von der Lebensfähigkeit dieser Institution überzeugt und bemühen sich durch ihre Weisungen dieselbe wiederherzustellen. Ein ähnlicher Irrtum lässt sich auch bezüglich der socialen Lage der übrigen Stände fast durchgängig nachweisen.

I.

A. Der Adelsstand.

1) Die Fürsten.

: Allgemein findet sich in den Gedichten die Klage über den Geiz und die Habsucht, in welche die Fürsten versunken sind. Namentlich tritt das erstere Laster in der Einschränkung ihrer Hofhaltungen zu Tage. Von der alten Pracht der Fürstenhöfe ist Nichts mehr zu erblicken; die Herrscher hausen in armseligen, schmutzigen Gebäuden; bei Tafel üben sie keine Gastlichkeit mehr.

I. Cond. 2, 42—3: Trop sont en avarisse humain,
Li roi et li duc et li conte.

III. Cond. 103, 14—7: Mais convoitise, qui a mis
Tamaint prince en annieus point
Au cuer si fort les touche et point.

Bible Gu. 264—6: Il n'aiment pas palès ne sales
Mès en maison ordes et sales
Se reponent et en boschages.

il. 246—7: Je ne voi mais feste ne Cort,
Tant povrement lor siecle cort.

Beaudous. 125—7: Qui porroit ce de prince croire,
S' il n' oïst ou veïst le voire,
Qu 'au mangier font clore lor huis.

Vgl.: Bible Ber. 106—8; Jgl. 21, 41—2, 148; I. Jub. 365; I. Muis. 297, 4; II. Muis. 71, 2; I. Cond. 1, 10—11; 2, 34—35; 3, 48—99; 4, 105—7; 6, 115, 155—60; Beaudous. 57—60; 87 bis 92; 141—2.

Um ihre Gier nach Schätzen zu stillen, saugen die Fürsten das Volk aus. Durch übermässige Erhöhung der althergebrachten Steuern und Einführung neuer Abgaben, die sie nach der Verfassung überhaupt nur im Einvernehmen mit den Ständen hätten erheben dürfen (vgl. I Meiners. S. 364), richten sie ihre Unterthanen zu Grunde; selbst die Güter der Kirche schonen sie nicht. Die Folgen dieser Bedrückungen bleiben denn auch nicht aus. Manche Gemeinden sind in einen solchen Zustand der Verwahrlosung geraten, dass in denselben kein Gottesdienst mehr abgehalten wird. Beim Erscheinen der Fürsten verbergen die Leute ihre Habe wie vor Räubern. Verweigerung des Gehorsams, Empörungen sind nichts Seltenes mehr. So klagt die Dichtung, und es genügt in der That ein Blick in die Jahrbücher der Geschichte, um uns von der Wahrheit des Gesagten zu überzeugen: 1292 empört sich Rouen wegen Steigerung der Steuern, 1306 Paris nach mehrfacher Münzverfälschung und ähnlicher Finanzmanöver Philipp's le Bel; 1313 verbünden sich Bürger und Adel gegen die Bedrückungen dieses Monarchen, die das Land zu ruinieren drohen.

I. Muis. 288, 5: Mais li signeurs partout font tant d'opressions,
K'il en naiscent et viennent, ces grans rébellions.

I. Cond. 6, 164—5: Il le reuvent à lor gent.
Ensi le tolent à voir dire.

II. Muis. 54, 5: On voit comment dou leur goysent les églises;
On leur prent et enpaiche partout en
maintes guises.

Beaudous. 105 —6: Les povres gens estuet fuĕr
Lor biens, ou cil suelent venir.

ib. 7: Se font li souverain dou temps tant de levées,
Que li sierviches Dieu faut en pluseur contrées.

Vgl.: I. Jub. 186; I. Rtbf. 225; I. Muis. 20, 3—4; 54, 7, 292, 1; II. Muis. 244, 4; Watr. 224, 820—1, 849—50; I. Cond. 3, 60—3; III. Cond. 225, 71—3; 297, 248—54, 259—62; 324, 100—1. Beaudous 147—150.

Die Dichtung nimmt denn auch Anlass, die Fürsten deswegen aufs Schärfste zu tadeln.

Bible Gu. 174; A grant tort les apelons Princes.

ib. 235—6: Mès li Prince sont si destroit,
Et dur et vilain et felon.

Watr. 225, 852—3: Ne sont pas prince, mais tyrant,
      Cil qui leur pueple ainsi detruisent.

Ein beliebtes und namentlich von dem oben genannten
Herrscher wiederholt erfolgreich angewandtes Mittel der mittel-
alterlichen Fürsten, ihre Finanzen aufzubessern — die Prägung
und Ausgabe schlechten Geldes — wird auch hervorgehoben.
   II. Muis. 224, 4: Li signeur par conseil font ches exactions,
      Cangement de monnoies qui sont destructions.
Die Unzuverlässigkeit der Fürsten in Geldgeschäften erwähnt
Abt G. Muisis II 20, 5, indem er hervorhebt, dass bezüglich der
Rückzahlung ihre Gläubiger lediglich auf ihren guten Willen an-
gewiesen sind.*)
      Se riens leur est prestet on ne le poet ravoir,
      Fors à leur volontet, che tenés tout à voir.
Den Mangel an Mitleid mit ihren armen Unterthanen tadelt
Watr. 224, 818—9: Souvent troevent leur porte close
      Pitiez et dame Charitez.
Vgl.: I. Jub. 186 und II. Muis. 244, 5.

Wenn sie allenfalls sich zu Gaben verstehen, so erhalten sie
Leute, die ihrer nicht bedürftig sind — ihre Günstlinge —, und
der Grund zu solcher Freigebigkeit ist weniger Mitleid als eitle
Ruhmsucht.
      I. Jub. 382: L'en fait les povres jeûner,
            Et fait-on les biaus dons donner
            A ceulz qui n'en ont nul mestier.
   I. Cond. 5, 113—5: Et s'aucun rices donne encore
            Si le fait il par vaine gloire.
            On ne donne mais par franchise.

Ferner wird an den Fürsten ein Mangel an Gottesfurcht bemerkt, so lange sie sich gesund und kräftig fühlen, fragen sie
nicht viel nach Gott.

---

*) Nicht immer wird es den Letzteren geglückt sein, für die Eintreibung
ihrer Ausstände den Papst zu interessieren, wie jenen römischen Kaufleuten, welche
die Päpste Gregor IX. und Innocent IV. zu bestimmen wussten, verschiedene
Städte der Champagne mit dem Interdikt zu belegen, um den Grafen zur Zahlung
zu zwingen. Vgl.: I. Pigconneau 246.

Bible Gu. 111—2: Il n'ont ne doute ne paor
De Dieu ne dou siècle vergoigne.

III. Cond. 212, 22—3: Quar tant qu'au iaus sentent santé,
Il ne criement ne Dieu ne mort.

Vgl.: Watr. 225, 840—2: I. Cond. 2, 28—9.

Auch wird Thatenlosigkeit an ihnen gerügt: „sie hocken in
die Stube wie Wöchnerinnen."

II. Muis. 81, 1: On voit praiche régner en roys, prinches et
ducs.

I. Jub. 187: En leur chambres sout aussi comme acouchées.

Vgl.: I. Cond. 6, 156; 7, 177—8; 258, 385—7; I. Muis.
297, 6.

Während es den Fürsten wie erwähnt, an Lust zu grossen
Thaten gebricht — es ist dabei in erster Linie an Kreuzzüge ge-
dacht —, so verzehren sie Zeit und Besitz in ruhmlosen, ewigen
Fehden, die durch ihre gegenseitigen Machtbestrebungen hervorgerufen werden. Diese Privatkriege verheeren das eigene Land
— es sei hier nur auf Joinv. XVIII verwiesen, worin erwähnt wird,
wie im Kampfe gegen die Barone von Frankreich der Graf Thibaut
de Champagne seine eigenen Städte verbrannt, um sie nicht dem
Feinde zu überlassen — und machen uns die Anklagen der Dichtung verständlich, die den Fürsten Schuld an den Niedergang der
Gesellschaft beimessen.

I. Muis. 298, 4: Or est orgieuls si grans, cascuns voelt haut
monter,
A nullui ne souffist, tout volent surmonter.

I. Jub. 365: Vez les rois et les princes, les contes et
les dus,
Venins de convoitise les a si toz ferus,
L'un désérite l'autre, selonc qu'il puet plus.

I. Muis. 290, 6: Dou débat de ces princes sont tout li mal
venut.

Vgl.: Watr. 225, 840—2; II. Muis. 271, 3—4; ib. 345, 1—2.

Bible Gu. 180—1: Tuit sont esbahi par le mont
Des malvès Princes qui i sont.

ib. 208: Cil prince nos ont fet la figue.

ib. 212: Trop nos ont le siecle honi.

Vgl.: II. Muis. 271. 3.

Wenn nur die Fürsten tüchtig wären, meint Muisis II. 81, 5 stände es besser um die Zeit:

> Se tout roy, prinche, duc et li chevalerie
> Euscent coer de lion et la chière hardie,
> Autres seroit li siècle k'il n'est, je vous affie.

Zum schweren Vorwurf wird den Fürsten die Duldung jüdischer und lombardischer Wucherer gemacht, eine in der That wohl höchst berechtigt Klage, denn fast jeder regierende Herr hatte zu jener Zeit seinen Leibjuden oder Lombarden als finanziellen Beirat, vgl. I. Pigeonneau S. 105 und 257: sie machen sich nach Bible Gu. dadurch selbst einer Teilnahme an dem schändlichen Gewerbe schuldig. Es blieb jedoch nicht bei dem blossen Dulden dieser Elemente; die Fürsten wie z. B. Philipp der Schöne und Carl V, verkaufen direkt das Recht, Wuchergeschäfte zu betreiben (vgl.: I. Rosières, S. 189—90). Die freimütige Kritik der Dichtung ist um so mehr anzuerkennen, als die Wucherer von König und Papst gewissermassen sanktioniert waren und beispielsweise es wagen durften, einen deutschen Bischof, der sie angegriffen hatte, zur Verantwortung nach Rom zu citieren. (Vgl.: I. Meiners. S. 509—510.)

Bible Gu. 524—8: Mès cil qui les Juis retienent

> Et qui les usuriers maintienent.
> Cuident espoir que Dex ne voie.
> Sachiez que cil qui les maintient
> Est sire et mestre de l' usure.

Vgl.: ib. 529—40.

Uebrigens machen die Dichter meist weniger die Fürsten selbst für alle die erwähnten Missstände verantwortlich, als ihre Ratgeber, welche z. B. der eigentliche Anlass der unerhörten Bedrückungen des Volkes ihrer Meinung nach sind.

Beaudous. 74: Li malvais conseillor ce font.

III. Cond. 297. 248-51: Cil li dient sans delaier,
                       Qu'il ne sèvent si bel secours
                       Qu'as abbaies et as cours
                       Prenge en quanc on y puet avoir.

Der verderbliche Einfluss dieser Günstlinge oder „Mahomets", wie sie die zeitgenössische Dichtung (vgl.: III. Cond. S. 370) zu benennen pflegt, wird dann im Einzelnen, wie folgt, geschildert.

Indem sie den Fürsten schmeicheln und ihren Schwächen geschickt Vorschub leisten, wissen sie dieselben so zu beherrschen, dass sie nur noch Puppen in ihrer Hand sind.

I. Jub. 186: Mais leur mauvais estas révéler n'osent mie.
             Car il veulent servir aus grans de flateries.
III. Cond. 287, 60—1: Et mainent avant et arriere,
                      Ce fol prince à leur volonté.

Vgl.: I. Jub. 186, 5; II. Cond. 279, 54; 286, 30—6.

Soweit geht dar Einfluss dieser üblen Berater, dass sie die Fürsten gegen einander, oft selbst gegen die eigenen Verwandten aufhetzen (vgl.: II. Bousqu. S. 491—2).

III. Cond. 279, 61—3: Si est par eulz loiez et çains,
                      Que meïsmes ses plus prochains
                      En het souvent et chace ensus.
       ib. 65—71: Et de tel haïne se héent
                  Que li un l'autre à hounir béent,
                  S'il en pucent venir à chief.
                  Et ce leur enortent à fere
                  Li losengier de put afere.

Männer von Ehre, namentlich der alte Adel, werden von diesen Emporkömmlingen niedrigster Gesinnung und Herkunft bei Hofe verdrängt, ja haben oft sogar unter den ränkevollen Bedrückungen der Letzteren zu leiden.

II. Cond. 110, 102—5: Et li boin, qui tous biens voroient
                      En tout canque faire poroient,
                      Tenroient d'oneur la cariere,
                      Cil sont au jour d'ui mis en arriere.
   Bible Gu. 206—7: Or lor tolt-en ainz c'on leur doigne,
                    On les escorche et rovigne.

III. Cond. 250, 97—8: Les gentilz hommes vorra
Sourmonter de quanqu'il porra.

Vgl.: II. Muis. 22, 3—4; Watr. 77, 33—4; 126, 30—4;
128, 83; 79, 44—6; Bibl. Gu. 196—9: Bibl. Ber. 198—200;
III, Cond. 277, 79; 278, 49—51.

Indem diese Höflinge nur ihren eigenen Vorteil im Auge
haben und ihre niedrigen Gesinnungen auch in die Hofkreise
tragen, schädigen sie ihre Herren an Gut und Ehre. Das End-
ergebnis ihres schlechten Einflusses auf den Fürsten ist, dass sie
ihn bei seinem eigenen Volke verhasst machen.

III. Cond. 281, 127—9: Si fait vilain plain d'amertume
Ont mainte vilaine coustume
Pourpenssée et à court atraite.

ib. 162, 21—7: Ne fuissent li mal consilleur,
Qui de lor bien sont essilleur,
Dont conversser veons grans sommes
En tous hosteis de riches hommes,
Qui l'onneur à faire deffendent
Et lor biens gastent et despendent,
S'en font maisons et fortereches.

ib. 279, 58—9: Quar par leur conseil est haïs
De ceulz qu'il a à gouverner.

Vgl.: I. Cond. 249, 130: II. Cond. 83, 60—2; III. Cond.
110, 97—100; 164, 106—7; 165, 122—125; 211, 6—9; 278, 22
bis 3; 280, 113—4; 286, 46—7: I. Jub. 186: II. Muis. 244, 3:
Watr. 78, 37—9, 32—4: III. Cond. 324, 100—1; II. St. Hilaire
54, 19—23.

Von einer anderen Seite schildert Deschamps das Hofleben,
ein Repräsentant jener Höflinge der alten Schule, die von den
emporstrebenden Vilains aus der Gunst der Herrscher vertrieben
werden. Er weist im Gegenteil nach, wie gerade ein ehrlicher
Charakter bei Hofe einen schweren Stand hat und oft zu uner-
träglichen Demütigungen verurteilt ist. Er malt das Leben bei
Hofe in nichts weniger als verlockenden Farben — man merkt
ihm die langjährigen Erfahrungen eines im Fürstendienst ergrauten
Hofmannes an. Er hat allerdings reichlich Gelegenheit gehabt,

fürstlichen Undank an sich zu erfahren; so spricht er sich denn
wiederholt sehr bitter über die Art aus, wie treue Dienste bei
Hofe gelohnt werden.

> Desch. 26: Oez, voiez, taisez, souffrez,
> Et vous menez courtoisement,
> Faites bien, servez loiaument —

> ib. 27: Saiges est, qui garde y prendra,
> Car il se pourvoit cautement
> Et porte en son trou le froment
> Pour aler quant la court faurra.

> ib. 28: Qui grace y a, envie sur lui court;
> Qui grans y est, en doubte est de verser. —
> Dont quant à moy je tien que c'est grans sens
> D'avoir à court un pié hors et l'autre ens.

Wie man bei Hofe gezwungen ist, zu heucheln, Schurken
Achtung und Feinden Liebenswürdigkeiten zu erweisen, beklagt
er S. 29:

> Es grans cours fault souvent faire le sourt,
> Qu'om ne voit rien, et qu'on ne scet parler,
> Autrui blandir et qu'om saiche du hourt,
> Faire plaisir, soufrir, dissimuler.

> ib. 45: Et que frans cuers du félon s'umilie,
> Et tel se faint amis d'autre qui nuit.
> Blandoir en convient. —
> Aveugle fault ester muet et sourt.

Man ist gezwungen, ein unregelmässiges, mit all seinen Vergnügungen aufreibendes Leben zu führen, das wahrlich nicht be-
neidenswert ist und das schliesslich in dem Undank der Herren
nach jahrelangen Mühen und Opfern sein Ende findet.

> Desch. 45: On dort le jour, et y veille on la nuit;
> Et y fait-on trop de gourmenderie. —
> Qui aucuns est cilz qui ne la poursuit mie.
> Trop de périlz sont à suir la court.

ib. 46: On est logiez non pas à son déduit.
En poures draps et en paillarderie. —
Et maintefois qui bien n'y remédie,
Plus y despent qui plus a de mesgnie.
Le temps s'en va, vieilleisce sus y court
Sans gerdon: qui s'y tient c'est folie.

2) Der Ritterstand.

Allgemein tritt uns in der Dichtung die Erkenntnis entgegen,
dass das Rittertum entartet sei und sich im Zustande des Verfalls
befinde.

I. Rtbf. 224: Lor mestiers défaut et décline.

ib. 230: Valurent mieux cil qui ja furent
De cels qui sont et il si durent.

I. Jub. 364: Li chevaliers sont mort se Dieu ne les regarde.

Man. 585—8: Aute ordre fu chevalerie,
Mes or est ce trigalerie.
Trop aiment dance et balerie
Et demener bachelerie.

Vgl.: I. Cond. 4, 88—9; I. Rtbf. 231; Bible Gu. 182—6;
II. Muis. 245, 6; ib. 271, 4.

Der wahren Ursache dieses Verfalls, der ganz naturgemäss
der einer überlebten Institution war (vgl.: II. Vanblanc. S. 229),
kommt Bible Gu. 182—6 nahe, wo in der veränderten Art der
Kriegsführung der Grund für die Bedeutungslosigkeit des Rittertums gesehen wird:

— et Chevaliers sont esperdu.
Cil ont auques lors tens perdu,
Arbalestier et mineor,
Et perrier et engingneor,
Seront dorenavant plus chier.

Die andern Dichter suchen sich meist andere Ursachen für
diesen Verfall; so sieht z. B. Abt G. Muisis II. S. 54, 4 den Grund
in dem Hochmut und der Unredlichkeit der Ritter:

Mais orghieus est si grans, s'est tant de trekerie
Que toute gentillesche par est trop aveuli.

Was nun die Schilderung dieses Niedergangs im Einzelnen
anbelangt, so stossen wir hier meist auf dieselben Klagen, wie
sie die Dichtung über die Fürsten anstimmt. So wird denn das
Versinken in Geiz und Habsucht auch an den Rittern getadelt.

I. Cond. 4, 93—5: Il laissent par avarisse
Tout bien et toute gentellisse
Et foi et carité perir.

I. Jub. 189: Mais quel que l'en die
Chascuns, que plus, que mains,
Ot convoitise amie.

Um sich zu bereichern, ahmen sie das Beispiel der Souveräne
nach, indem sie unerhörte Abgaben von ihren Leuten erheben.
Auch drücken sie dieselben durch harte Frohndienste und behandeln sie mit äusserster Grausamkeit. Eine Einnahme bereiten
sie sich ferner aus ihrer Gerichtsbarkeit, indem sie ihr Urteil erkaufen lassen. Doch sie gehen noch weiter und scheuen selbst
vor Gewaltthätigkeiten und offenem Raube nicht zurück.

II. Muis. 55, 2: Or fait-on sour subgis grandes exactions.

Man. 515—8: Quant li dolent de fein baillent,
Il les robent et il les taillent,
Il les peinent, il les travaillent.
Moultes corvées ne lur faillent.

ib. 557—60: Por un sol poi de mesprison
Le fiert do poin ou del tison,
Peis le trebusche en sa prison;
Tote li tot sa garisun.

ib 565: Morir la leit sanz regarder.

I. Jub. 285: Loiauté et justice vendent.

I. Rtbf. 224: Li plusor vivent de rapine.

I. Jub. 364: Ils réambent et tuent cels que il ont en garde.

ib. 285: Et puis si vivent de proie;
Taillent homme, traient monnoie.
Cloistriers detruisent.

Vgl.: Bible Ber. 211—5; I. Jub. 188; 284: 285; II. Cond.
374, 104—9; III. Cond. 225, 71—4.

Dass diese Schilderungen nicht übertrieben sind, geht z. B.

aus II. Dulaure S. 418—422 und namentlich aus den daselbst citierten Auslassungen eines zeitgenössischen Chronisten (Jacques de Vitry) zur Genüge hervor, wonach das „aler à la proie" allgemein beim Adel üblich war und für ein standesgemässes, ungefährliches Vergnügen galt, zu dem man sich nur leicht wie zur Jagd wappnete. Manche Vornehme, die doch nicht eigenhändig dieses Geschäft betreiben wollten, hielten sich zu diesem Zweck eigens Leute, „coureurs" genannt. Man sieht, das Rauben galt damals in der That für ein berechtigtes Privileg des Adels und war bestens organisiert. Die Fürsten und Grafen, meldet Jacques de Vitry weiter, duldeten nicht nur dieses Treiben, sondern waren selbst offen oder heimlich vielfach dabei beteiligt; ja selbst Könige verschmähen es mitunter nicht, Kaufleute auszurauben vgl. I. Pigeonneau S. 100.

Auch die Ritter neiden einander Macht und Besitz und liegen deshalb in beständiger Fehde mit ihren Nachbarn.

III. Cond. 224, 38—40: Que chascuns voeult estre plus sire
     Que ses voisins et par envie
     Maint maus au siecle se renvie.

Bible Ber. 665—6: En lieu de Messes dévinaus,
     Font gerres et tençons entr' aus.

Von Jugend auf führen die Ritter ein wüstes Leben. Auf Abenteuer zu fahren, Turniere zu besuchen oder höfische Künste wie z. B. den Gesang zu pflegen, ist längst ausser Brauch gekommen. Verliebte Abenteuer mit Damen, Schlemmen, Trinken, Spielen, Modenarrheiten zu treiben, das ist ihre gewöhnliche Beschäftigung, mit der sie Hab und Gut, Gesundheit und Ehre vergeuden.

Bible Ber. 93—7: Solaz de rire et de chanter,
     Et de tornoier et d'errer
     Et de Cors mander et tenir,
     Ce vous os-je bien maintenir,
     Sont mès au siecle remez tuit.

I. Jub. 188: Mais huit vont en rivière et chascier en
       boscage,
     Les dames visitant partout en tapinage.

2

Desch. 97: Li jeune enfant deviennent rufien,
Joueurs de dez, gourmans et pleins d'ivresse,
Hautains de cuer, et ne leur chaut en rien
D'onneur, de bien, de nulle gentillesse.

II. Jub. 122:   Cil bacheler
Qui ne finent de porpensser
D'aus cointement apparailler.

I. Jub. 285: En vanité, en fausse joie
Tous et cors et avoir despendent.

Vgl. II. Muis. 53, 3: 54, 1: 55, 4—7: 153, 3; II. Jub. 60;
325; Man. 585—8; III. Cond. 224, 44—9.

Ritterliche Freigebigkeit ist verschwunden; die edlen Herren
zahlen meist mit leeren Versprechungen.

I. Jub. 188: Et paient de biaus mos et non pas de monnoie.

Die Folgen der erwähnten Ausschreitungen sind, dass viele
alte Geschlechter heruntergekommen sind, während sich Leute
geringer Herkunft emporschwingen.

II. Muis. 245, 6: On voit bien apovrir des gens de grant
parage,
Se voit-on enrikir cheaus de petit linage.

Da aber Adel ohne Geld schon zu jener Zeit nicht viel gilt,

III. Cond. 191, 27—8: Quar si tost qu'avoirs i defaut,
Nule gentillece n'i vaut,

so sieht man häufig Geldheiraten zwischen armen Edelbürtigen
und Töchtern reicher Bürger oder zwischen reichen „Vilains" und
armen Edelfräulein. Die Dichter beklagen diese Vernunftehen,
bei denen von wahrer Liebe nicht die Rede ist, und durch welche
sich der Adel namentlich befleckt.

Jgl. 98, 103—5: Et au chevaliers por avoir,
Et por denier puet-on véoir
Que il veut sa fille ou son oir.

III.Cond.192,100—2: Car le pouretez le confont,
Et si veons pour son avoir
Un vilain gentil feme avoir.

II. Cond. 261, 74—6: De ceste amour veons esprendre
Maintes gens qui s'en deshoneurent;
De vraie amour point ne saveurent.

ib. 84—6: Ceste amours ceurt trop par le mont,
Qui trop amenrist gentillesce
Par couvoitise de riquece.

Vgl. II. Cond. 261, 81—3.

Den Rittern giebt Abt Gilles li Muisis II, 55, 4 Schuld an den Modeausschreitungen, welche sich bei allen Ständen bemerkbar machen:

Et se tieng et croi bien que ches désorden-
auches
D'abis, de caperons, de faitures de manches
Viènent des gentieuls gens et de leurs grans
beubanches.

B. Der geistliche Stand.

Allgemein und oft mit grosser Offenheit spricht sich die Dichtung über die Entartung des Klerus aus.

I. Muis. 285, 3: Priestre, clerc, si kom lay, trestout sont
d'une tire,
Leur maintiens et leur vie trestout les jours
empire.

Bible Ber. 226—8: Li Provoire et li Clergié
Sont plus desirrant de pechié
Que li autre ne sont assez.

Vgl. I. Muis. 381, 1; II. Muis. 164, 1; II. Cond. 372, 46—9, Bible Gu. 942—3.

Die Geistlichen sind verweltlicht in ihren Anschauungen; sie predigen zwar Enthaltsamkeit, leben aber selbst ihren Lüsten; sie sind Betrüger.

I. Cond. 254, 265—6;   — du clergié
Qui si a le siècle embracié.

2*

Man. 197—8: Il preessent moult abstinence
Mes autre est moult lor concience.
ib. 195: Tuit sunt torné a tricherie.

Habgier und Geiz, diese so verbreiteten Laster der Zeit, halten auch den Klerus in ihren Banden.

III. Cond. 225, 66—7: Clergie oevre despertement
Par avarisce et convoitise.

Vgl. I. Jub. 363: II. Jub. 147: Bible Gu. 961—2, 1029—30: I. Rtbf. 226: I. Muis. 111: 117: 285; I. Cond. 6, 147—50: II. Cond. 268, 38—9: 373, 63: III. Cond. 225, 59—61.

Die Geistlichen schämen sich ihres Standes: um unerkannt ihren Vergnügungen nachgehen zu können, lassen sie sich oft die Tonsuren nicht mehr scheeren.

II. Jub. 324: Il ont grant damage et grant honte
Quant qui que soit clers les apele. —
Ne deignent lor corones faire.

Sie sind stets bereit zu nehmen, gegen die Armen aber selbst hartherzig.

I. Jub. 364: Li prestre dient bient: „Por Dieu, seigneur,
donez";
Mès il dient petit aus povres genz: „Tenez";
Ainz ont les doiz au prendre ouvers et des-
noez
Et en rendre les ont crampies et engluez.

Vgl. Bible Gu. 843: I. Rtbf. 228; I. Muis. 241, 7: II. Musi. 79, 2: Bible Gu. 852—4,

Das Kaufen bezw. Verkaufen der Pfründen wird tadelnd erwähnt. Dieser Missbrauch, Simonie genannt, ist schon im 12. und 13. Jahrh. der wichtigste Beratungsgegenstand der reformatorischen Konzilien. (Vgl. II. Bousq. 236, 463 u. s. w.)

I. Jub. 283: En clercs, en prestres, en prélas,
Là maint volentiers symonie.

Bible Gu. 994—5: Mès en les vent, en les achate,
Ici a vilaine barate.

Vgl. Jgl. 97.

Die Kirche verbietet zwar den Wucher, d. h. das Ausleihen zu Zinsen, betreibt aber dies Geschäft selbst durch Vermittelung der Juden oder nimmt wenigstens einen Zins von den wuchertreibenden Juden. (Vgl. Pigeonneau S. 107.)

Bible Gu. 972:   — as Juis prestent lor deniers.
Man. 221—4: Celui commandent au diable
Qui de usure rien arvable
Mes le miux qui vient a lor table
Lor vient de monte et de jable.

Die Geistlichen befassen sich überhaupt mit Handelsgeschäften.
Bible Gu. 968—70: Acheter sevent et revendre,
Et le terme moult bien atendre,
Et la bone vente dou blé.

Die Unsittlichkeit des Klerus hebt hervor
Man. 201—2: Il escommigent avoltire
Mes il i chient tot a tie.

Trägheit wird bemerkt bei
II. Muis. 81: En toute gens d'église praiche s'est trop
boutée;
Dormir vorroient bien la longe matinée.

Die Entartung des Klerus wird dann auch die Verderbnis der ganzen Gesellschaft zur Last gelegt.
Bible Gu. 928—30: Icil font le siecle mescroire,
Ce font li Clerc et li Provoire,
Et li Chanoine seculer.
I. Jub. 363: Mès par lor fole garde est li siècle trahis.

Ebenso verspricht sich Abt G. Muisis I. S. 385 eine Besserung der Zustände, sobald nur die Geistichen mit gutem Beispiele vorangehen wollten:
Se clergiés commenchoit, pluseur s'amenderoient.

Der Teufel, der nach dem mittelalterlichen Volksglauben ja überall seine Hand im Spiele hat, trägt denn auch an dieser Sittenverderbniss des Klerus die Schuld.

II. Cond. 372. 46—49: Li dyables vous a basti
Teil engien k'a lui a atrait.
Par son mauvais et faus atrait
Les pluisours, bien le di pour voir.

Während sich so die Dichtung über den geistlichen Stand im Allgemeinen äussert, geht an andren Stellen ihre Schilderung sehr ins Einzelne, wie aus den nachstehenden Seiten ersichtlich ist.

1. Weltgeistliche.

Mit grosser Schärfe kritisiert die Dichtung die Misswirtschaft der römischen Kurie. Mit dem Papste verfährt man noch ziemlich glimpflich; meist äussert sich die Dichtung gar nicht über ihn. Nach Bible Gu. 706—7 ist er nur wie alle Welt durch die Kardinäle geblendet und irregeleitet und befindet sich völlig in ihren Händen:

Mès cil li ont les iauz crevez
Qui les autres ont aveuglez.

II. Jub. 182: Li frère cardinal ameron et le pape
Et le gardent de près, si qu'il ne leur eschape:
Mais chascuns d'eulz en prent ou tout ce
qu'il atrape.

Ironisch lässt sich der Dichter I. Jub. 181, 4 vernehmen, indem er auf die Begünstigung jüdischer Wucherer durch den Papst anspielt:

Il fait tout bien et droit ou s'il prent ou s'il
donne,
Mais qu'il ame Géus, à ce pas ne se donne.

I. Jub. 239, 2 wirft dem Papste den Verkauf geistlicher Würden vor; aus kleinen Pfründen mache er grosse Münstersprengel oder womöglich Bistümer, um dafür entsprechend höhere Einnahmen bei der Verleihung zu erzielen:

Qui fait à grant moustier de petite chapele
Et dira éveschié .iij. c'est bien chose nouvele,
Onques mais ne joua papes de tel merele.

Man. 503—6 setzt voraus, dass der Papst nur aus Nachlässigkeit, nie aus böser Absicht fehle:

Qu'il face chose desleial
A escïent nis venial.
Se il meffet par negligence,
Hastive en seit la penitence.

Sehr vorsichtig zeigt sich der Abt Muisis; er nimmt bei seiner Kritik des Klerus laut Überschrift ausdrücklich den Papst und die Kurie aus, vgl. I. Muis. S. 343: „C'est des estas de tous prélas, exceptés no Saint-Père le pappe, les cardinauls et le court de Romme, dont ay fait et faye boine protestation le court de Romme de riens comprendre en ma registration."

Ja, er zeigt sich vielmehr als Lobredner der Päpste; so hebt er I 301, 7; 303, 6; 307, 3; 310, 3; 320, 5; 328, 1 die Verdienste der apostolischen Väter hervor, z. B. Widerstand gegen das anmassende Königtum ib. 328, 3 und Massregeln gegen die überhandnehmende Sittenlosigkeit der Welt ib. 327, 7—8.

Die Ablassfrage streift er auch nur flüchtig und an einer Stelle (I, S. 342, 2), wo er die Angriffe und Gründe der Gegner des Ablasses berücksichtigt, bekennt er selbst gar diplomatisch: das Beste ist schweigen! Das diene zur Kennzeichnung seines beschränkt kirchlichen Standpunktes in dieser Hinsicht.

Anders jedoch eine Zahl von Dichtern, die mit schonungsloser Strenge die Schäden des kirchlichen Regiments blosslegen. In erster Linie sind es die Kardinäle und Legaten, denen ihre Angriffe gelten. Es wird ihnen der Mangel jeglicher Religiosität vorgeworfen. Die Bestechlichkeit und schmutzige Habgier dieser hohen geistlichen Würdenträger wird wiederholt an den Pranger gestellt, nicht minder ihre grenzenlose Üppigkeit. Um diese Verrottung recht anschaulich zu schildern, scheuen die Dichter nicht davor zurück, die päpstliche Kurie als eine feile Dirne zu brandmarken und von den Kardinälen zu behaupten, dass sie schlimmer als Heiden sind, dass sie Christus und seine Mutter verschachern würden, wenn sie nur könnten. Wie ein Notschrei der gesammten damaligen Gesellschaft, wuchtig erhebt sich die Anklage gegen Rom, den Sündenpfuhl der Welt, das an all dem Unheil, an all den Missständen der Zeit schuld sei.

Bible Gn. 673—5: Sanz foi et sans religion:
Que il vendent Deu et sa Mere,
Et traïssent nos et lor pere.

II. Jub. 323: Tout en englout Rome et ensache
L'apostoiles, li chardonal
Et li prélat, li governal
De seinte Eglise doivent estre;
Mès covoiteus en sont chevestre.

Compl. 112: Nus lais hom n'a vers iaus refui
En royaume ne en empire.

Compl. 114: Rome vos fustes ia pucele
Virge loiaus et pure et bele;
Mais or vait la cose autrement.
Il mesciet molt la damoisele.
Qui bone est, puis devient ancele
Et son cors livre por argent.

Bible Gu. 666—71: Tout est perdu et confondu
Quant li Chardinal sont venu,
Qui viennent ça tuit alumé,
Et de convoitise enbrasé.
Ça viennent plein de symonie,
Et comble de mauvaise vie.

ib. 770—3: Rome nos suce et nos englot,
Rome destruit et ocist tot.
Rome est la dois de la malice,
Dont sortent tuit li malvès vice.

II Jub. 323: Le patremoigne au Crucefis
Vandent mès tuit c'est grant diex!

Bible Gu. 663—6: Ha! Rome! Rome!
Encor ociras-tu maint home.
Vos nos ociez chascun jour,
Cresticutez a pris son tour.

ib. 711—2: Corz de Rome, com estes toute
Pleine de pechiez criminax.

Vgl.: Compl. 110—111; Man. 309—12; speciell wird in der
Complainte de Jérusalem dem päpstlichen Legaten der Vorwurf

gemacht, dass er Damiette und die Kreuzfahrer an Sultan Coradin verkauft hätte:

> Compl. 116: Quant coradins fist .i. acat
> Dont li legas reciut le date.
>
> ib. 109: Mais tel cose avés fait emprendre
> Vostre legat, c'on le doit pendre,
> Car par lui sont crestien pris.

Vgl.: ib. 107, 108, 110.

Ferner wird von den Kardinälen berichtet, wie sie mit Wucherern freundschaftlich verkehren und gegen Bezahlung Absolution erteilen.

> Compl. 113: Li usuriers vient a vos droit
> Si vos demande pain beneoit
> Et vos errament lui donés.
> Mais legierement le soffrés
> Por les dons que de lui prendrés.
>
> Compl. 116: Vos mangiés avec iaus souvent,
> Si vos donent legue u froment,
> N'avez talent de ren noier.

Den Ablasshandel, bei dem die Kardinäle den Papst unterstützen, verdammt Compl. 113 als sündhaft und schmutzig:

> Segnor qui les pardons portés
> Poi nos costent et s'es vendés,
> C'est pechiez et ovre vilaine.
>
> I. Jub. 182: Cardonaus si sont dit cardinaus com cardons,
> Par eulz tolt et oevre li papes ses pardons.

Auch bei den sittenverderbten Kardinälen und Legaten trägt nach Compl. 113 der Teufel wieder die Schuld, der sie verblendet hat:

> Ensi diables vos deçoit.

Ähnlich werden uns die Prälaten d. h. die höheren unter dem Primas stehenden Weltgeistlichen, wie Erzbischöfe, Bischöfe, gefürstete Äbte u. s. w. geschildert. Sie sind nach I Jub. 284, 2 die Quelle alles Unrats in der Kirche:

> Mauvais prélat sont la sentine
> Dont tout puours trait orine.

Rtbf. vergleicht sie in seinem Gedichte „de la vie dou monde"
den Söhnen Eli's hinsichtlich ihrer unredlichen Amtsführung:

I Rtbf. 237: Quel gent a Dieu laissié por garder sa maison?
Sa vigne est désiertée, n'il labore mais hom;
Li fil Ély le tienent à tort et sans raison.

Vgl.: I. Muis. 388, 5: Par Héli, par ses fiuls, pucent prélat aprendre.

Ihrer mangelhaften Oberaufsicht giebt es I. Muis. 368, 8
Schuld, dass der Klerus im allgemeinen so entartet ist:

Che tient as souverains qui castyer les doivent.
Car on leur dist souvent et moult bien
l'apierçoivent.

Auch bei den Prälaten sind Habgier und Simonie die hervor-
stechendsten Laster.

I. Rtbf. 225: Ne nul prélat de sainte Yglise
Qui ne soit compains covoitise
Ou au moins dame Symonie.

Vgl.: I. Muis. 354, 6, 7; I. Cond. 6, 147.

Während diese Kirchenfürsten ihre Unterthanen gleich den
weltlichen Herren durch harte Bedrückungen zu Grunde richten,
führen sie selbst ein üppiges Wolleben. Sie sind prächtiger gekleidet als reiche Laien, ihre Rosse sind mit goldenem und sil-
bernem Zierrat schwer behängt, wenn sie sich dem Volke zeigen;
sie speisen von goldenem Gerät; aber der Arme klopft vergebens
an ihre Pforte.

I. Jub. 240: — prélat qui se paissent
Et les leur riches font, norrisent et en-
graissent,
Et d'amendes leurs gens contre raison ex-
pressent,
Et leurs povres voisins terre en famine lessent,
Et les trésors amassent de pierres, de topace.

II. Jub. 325: Il ont de roi le palefrois
Et les coupes d'or et d'argent.
— Mais si tu —
Dou pain demandes à lor porte
Mais ne te vuelent recevoir.

ib. 324: Sont plus coints que chevalier
Il sont mès tuit et duc et conte. —
Granz destriers à dorées selles
Chevauchent més li damoisel,
Et jeune et viel tuit sont par ban
La paelete et lou boban.

Vgl.: I. Muis. 355. 2; 354. 6; Bibl. Gu. 668—9.

Von Frömmigkeit und kirchlicher Gesinnung ist bei ihnen nichts zu finden. Sie halten es mehr mit den weltlichen Herren als mit dem Papste; sie sind lieber auf der Jagd als im Gotteshause.

I. Jub. 284: Il ne portent révérence
Ne à Dieu ne à sa doctrine.

ib 183: Li prélat jurent tuit garder entièrement
Leurs drois de leur églises en leur comman-
cement:
Mais prélas obéissent, tréstout naturellement,
Plus au Roy à garder à droit leur serement.

II. Jub. 324: N'entrent en moustier n'en chapelle
Por oraison ne por prière
Einz vont au bois et au rivière
Et comportent desor les moufles
Les crietes et les escoufles.

Vgl.: Bible Gu. 672—3; I. Muis. 350, 6.

Bei der Besetzung der geistlichen Stellen verfahren die Prälaten nicht unparteiisch; sie bevorzugen häufig Freunde, oder Verwandte, die sie mit Bitten oder Geschenken sich geneigt zu machen wissen.

Man. 273—6: A lor nevouz qui rien ne valent,
Qui en lor lez encor estalent
Donent provendes et trigalent
Por les deniers qu'il en emalent.

Vgl.: II. Muis. 247. 5; I. Muis. 107. 3; ib. 108. 2; ib. 110. 1; I. Rtbf. 237; II. Inb. 325.

So kommt es, dass die Pfründen nicht mehr an tüchtige Geistliche verliehen, sondern häufig an unwissende und unkirchlich gesinnte Leute vergeben werden.

II. Jub. 323: Je vois le preus, je voi les sages
Qui volantiers déserviroient
Les provandes, s'il les avoient,
Et si n'em puent mie avoir,
Einz les ont cil, par leur avoir,
Qui n'aiment Dieu ne le déservent.
A ces donent doubles provendes
Qui ne sevent lor nés mouchier.

Vgl.: II. Jub. 319; 320; I. Muis. 108; 368, 8.

Um die Belehrung und Beaufsichtigung der ihnen unterstellten oft äusserst unwissenden, Kuraten kümmern sie sich nicht.

II. Jub. 319: Des povres clers prélaz n'ont cure
Qui ne sevent encor qu'est âme.

Vgl.: I. Muis. 368. 7; 374, 5; II. Jub. 319—20.

So ist es denn Schuld der Prälaten, wenn manche tüchtige Elemente, die sich sonst dem geistlichen Stande gewidmet hätten, fort bleiben und so ein Niedergang des geistlichen Studiums eingetreten ist, und wenn auch der Eifer der besseren Geistlichen erkaltet.

I. Muis. 107: Ensi d'estudyer maint boin clerc se retraient;
Car ils parcoivent bien et forment s'en
esmaient,
Que pour yauls travillier ja bénéfisces n'aient.
Les prélas, les patrons en chou faisant bien
payent.

I. Muis. 263: Or vont partout estudes un petit déclinant
. Car dons de bénéfisces vont ensi que finant.
Séculer leurs enfants as metiers metteront,
Les boines marchandises aprendre leur feront.

Vgl.: II. Muis. 69, 6.

Aehnliches erfahren wir über die Chanoines (Domherren), denen in den Kapiteln oder Collèges unter dem Vorsitze des Doyen namentlich die Wahl der Bischöfe oblag, denen sie überhaupt als Beirat in weltlichen wie kirchlichen Angelegenheiten zugeteilt waren. (Vgl.: I. Rosières. S. 150.) Bei diesen Wahlen spielten nun Parteiwirtschaft und Bestechlichkeit eine traurige Rolle. So wurden häufig keine Resultate erzielt: es kam im Gegenteil zu Apellationen an die höheren Instanzen, man ging oft sogar bis zum Papste selbst, und dieser Instanzenweg verschlang natürlich enorme Summen. Darauf beziehen sich die folgenden Stellen.

II. Muis. 69, 1: Envie fait souvent grandes dissentions
En tréstout ches colléges qui font élections.
Faire fait les appiaus et provocations.
Convoitise s'i melle se n'en est mentions.

ib. 2: Envie fait souvent débatre ches canonnes,
Les noirs, les blans, les gris et tous ches autres monnes.
Se voellent avanchier à leur plaisir personne's

I. Muis. 160: Or avient qu'on eslist partie le personne:
Si fait-on des appiaus, or à Rains or à Rome:
Et des biens de l'eglise despent-on moult grand somme.

Luxus in Kleidung und Lebensweise erwähnt auch bei ihnen

I. Muis. 365: D'abis désordenés on soloit avoir houte:
Toute désordenanche de jour en jour si monte.

Vgl.: I. Muis. 364, 5; 389, 3.

Gegen das arme Volk sind sie hartherzig: für ihre üppigen Freuden jedoch haben sie Geld übrig.

I Rtbf. 221: Mès il verront le cuer partir
Au povre, de male aventure,
De grant fain et de grant froidure.

ib. 239: Et s'en ia de tex qui ont grant signorie
Qui poi font por amis et assés por amies.

Vgl.: Man. 213—20: Bible Gu. 929—32; I. Rtbf. 242.

Die Dekane, welche als Beamte der öffentlichen Sittlichkeit u. a. auch Wohnungen übel beleumundeter Frauen zu inspizieren haben, erklären, nachdem sie sich durch die Gunst und das Geld dieser Personen haben bestechen lassen, dieselben für höchst achtbar.

Man. 237—40: Il empleient la fole fame
Don ont ci malveise fame.
Et si el a don se raiemme,
Si est meilor que sainte Jame.

Sehr eingehend befasst sich die Dichtung mit den niederen Weltgeistlichen, den Curés und Chapelains. Namentlich bei den Jüngeren von ihnen macht sich eine weltliche Gesinnung bemerkbar, die sich auch in ihren Lebensgewohnheiten kennzeichnet.

Man. 192: Icil n'ont el mes de Dé cure.

I. Muis. 376, 2: Jovène priestre se voellent maintenir à leur guyse,

Avoeckes séculers avoir tous temps antise.

ib. 368, 5:   — se voit-on avenir

Que pluseur priestre voellent les coustumes tenir

De ces gens séculers et ainsi maintenir.

Vgl.: I. Muis. 369, 2; 374, 7; 376, 6.

Ferner erwähnt Abt Gilles li Muisis den Übelstand, dass die Curés so häufig gewechselt werden, so dass sie mit ihren Pfarrkindern gar nicht erst bekannt und vertraut werden.

I. Muis. 374: On les voit par paroches souvent renouveller

Comment oseront dont à tels gens révéler

Li peckeur leur confiesses, chou qu'il voront céler?

Ainchois se laisseroient des bastons flageller.

II. Muis. 120, 7: Or out nouviaus curés qu'il ne connoissent mie

Et ne sèvent leur noms, leur estas, ne leur vie.

So haben sie denn auch kein Interesse an dem Seelenheil ihrer Pfarrkinder.

II. Jub. 319: — d'âmes curer ne s'antremetent.

Vgl.: I. Jub. 243 und I. Muis. 368, 8.

Ihre amtlichen Funktionen vollziehen sie nicht aus Liebe zum Dienste Gottes, sondern aus Gewinnsucht.

I. Rtbf. 221: Et s'il vait la messe oïr

Ce n'est por Dieu conjoïr,

Ainz est por des deniers avoir.

Vgl.: I. Muis. 377.

Der Lebenswandel dieser Geistlichen wird als höchst ausschweifend geschildert. Sie denken nur an üppiges Wohlleben, an prunkvolle Kleidung und Liebesfreuden. Namentlich ist der

Trunk ihr Laster, zu dem sie sich gegenseitig anhalten und sie entblöden sich nicht, aus dem Wirtshause in die Messe und aus der Messe wieder ins Wirtshaus zu laufen.

I. Muis. 376, 2: Et cascuns, que mieuls, mieuls, iestre voelt escauchiés,

Des boins vivres avoir, bien vestus, bien cauchiés.

Man. 193—4: Pasteiment et beverie

C'est lor deduit par lecherie.

ib. 199: L'un o l'autre de beivre tence.

I. Muis. 377: On en voit bien aucun, quant il ont messe dite,

Aler par ces tavernes. —

K'en un jour puist-ou dire deux, messes, trois ou quatre,

E, tantost k'on a dist, en taviernes rebattre.

ib 380: On voit trèstout les jours bons dissolutions,

Leur maintiens, leurs deffautes et lor intentions.

Um eine Vorstellung von diesen „dissolutions" zu geben, genügt es, auf jene Orgien zu verweisen, die unter dem Namen „Fête des Sous-Diacres" oder „Fête des Fous" sich Jahrhunderte lang im Gebrauch erhalten haben.

Feste, die unter den ärgsten Blasphemien, unter Parodierung des Hochamts in der Kirche begannen, dort zu einem Trinkgelage sich entwickelten und dann in eine tolle Maskerade auf offener Strasse ausarteten, wo ein Teil der Geistlichen in ihren Amtstrachten, der andere als Nonnen verkleidet, sich nicht scheuten, die schamlosesten Dinge vor Aller Augen pantomimisch anzudeuten. (Vgl.: II. Dulaure. S. 225—231.) Ausserdem sei hier nur noch auf einen daselbst S. 416—7 abgedruckten Brief Papsts Innocent III. an den Abt von St. Denis bei Paris verwiesen, in welchem er sich darüber beklagt, dass Priester der genannten Stadt mit Gewalt in die verrufenen Häuser einbrechen, dort Orgien feiern und sich ähnliche Vergewaltigungen bei den Töchtern der Bürger gestatten. Derartiges deutet auch eine Stelle bei I. Jub. 243 an:

> — prestres curez qui ne se saignent mie
> De leurs parrochianes par jour et par nuitie
> Visiter. si qu'il aient ouverte la crevace.

Man. 209—12 klagt, wie die Priester mit dem zu frommen Zwecken eingegangenen Gelde ihre Maitressen und Kinder unterhalten:

> Lor soignanz peissent, lor mestriz
> Del patremoine au crucefix
> Et lor effancenez petiz
> Des trenteus qu'il n'ont déserviz.

Die schreienden, genugsam bekannten Missstände mit den Haushälterinnen der Geistlichen, gegen die schon die Konzile des 12. Jahrh. einschreiten, indem sie den Pfarrkindern verbieten, zu solchen Priestern in die Messe zu gehen (vgl.: II. Bouesquet. 231 und 236), berührt Abt Gilles li Muisis, allerdings schonend, mit kollegialischem Zartgefühl.

II. Muis. 143, 4: Or voellent pour varlès aucun avoir meskines.

> S'en murmur-on et dist que che sont con-
>   qubines:
> Simple gent n'ont que faire de si faites
>   doctrines.

Die Unwissenheit der Curés beklagt

I. Muis. 107, 4: Par chiaus k'on voit pourvoir, moult souvent
>   on aville,
> Car il ne sèvent riens.

Dies darf kaum Wunder nehmen, wenn man hört, wie das Leben der jungen Kleriker an der hohen Schule schon beschaffen ist.

I. Jub. 184: A Paris viegnent clere et lai por estudier,
> Dont à leurs pareus font les bourses deslier.
> Sans livre vont souvent itel clere à l'escole,
> Et ceulz qui prestre sont et qui portent
>   estole.
> Mais pis leur concubines tiennent-il en geole
> Et les dez la traverne souvent qui mains
>   afole.

Vgl. I. Muis. 108 und 110.

Schliesslich wird noch die Faulheit der Curés gerügt.

II. Muis. 78: Trop plus que le moustier aiement le reposer.

2) Orden.

Es wird das Schwinden wahrer Religiosität in den Klöstern beklagt. Das Sinnen und Trachten der Mönche ist ein weltliches; nur äusserlich wird nur noch die Form der Frömmigkeit gewahrt,

I. Muis. 146, 5: Li corps est au moustier, li coers est ou
markiet.

I. Rtbf. 238: Qu'il ne tienent de l'ordre
Fors l'abit et le non.

ib. 249: L'en ne préesche mès en cloistre
De Jésus-Christ ne de sa mère
Ne de saint Pol, ne de saint Père.
Cil qui plus set de l'art du siècle,
C'est le meillor selonc lor riègle.

Vgl.: I. Jub. 183; I. Rtbf. 232, 238.

Dies wird nun verschiedentlich von der Dichtung im Einzelnen ausgeführt. Die Mönche trachten z. B. danach, den Mauern ihres Klosters so häufig wie möglich zu entfliehen.

I. Muis. 182, 4: Toudis pensent hors iestre, s'ayment des
gens le cuivre,
Et seul ne voellent iestre, mais toudis au
délivre.

Vgl.: I. Muis. 107, 1; 108, 2, 4: 147, 3; 149, 3: 182, 4; 184, 7; I. Rtbf. 249.

Um sich Urlaub zum Verlassen des Klosters zu erwirken, führen sie nach Muis. I. 147, als Grund an:

Mestier avons del air et parens visiter;
A le fois avoec caus nous voulons déliter.

Doch viele verlassen das Kloster auch ohne Urlaub, heimlich.

I. Muis. 161, 7: On s'espart sans congiés, dont c'est certes
pités.

Treffend illustriert jene Notiz die Verordnung des Konzils zu Paris 1212, welche den Äbten empfiehlt, die Nebenpforten des

Klosters zu vermauern, um das häufige Entweichen der Mönche zu verhindern. (Vgl. I. Dulaure S. 364.)

Diejenigen, welche für eine Zeitlang aus dem Kloster beurlaubt sind, um z. B. eine Pfarrstelle zu bekleiden, wollen gar nicht wieder ins Kloster zurück und erheucheln lieber als Hinderungsgrund eine Krankheit.

I. Muis. 146, 4: En estre pourvéut mettent leur estudie;
> Boins vins, boines viandes, ce ne leur faille mie;
> S'on leur faut, au moustier, por Dieu, ne venront mie,
> Anchois faindront-il aucune maladie.

In ihrer Kleidung und Lebensweise bestreben sich namentlich die jüngeren Mönche an Pracht es den weltlichen Modenarren voraus zu thun.

I. Muis. 146, 2: Religions s'enfuit, rikaices sont venues,
> En habis, en despens sont partout maintenues.
> Les anchiennes costumes ne seront plus tenues.

Vgl.: I. Muis. 146, 3; 149, 7; 152, 6, 7; 170, 1; 203, 6; 204, 1; 159, 3; II. Muis. 63, 3, 4, 7; 64, 4; 122, 6.

Die Eitelkeit der Mönche hat auch Bible Gu. 1542—46, zum Gegenstand:
> La nuit quant il doivent couchier
> Se font bien laver et pingnier
> Lor barbes et enveloper
> Et en trois parties bender,
> Por estre beles et luisanz.

Im Essen und Trinken zeigt sich gleichfalls in den Klöstern ein grosser Luxus; namentlich hebt Bible Gu. den Genuss erhitzender Speisen und Getränke hervor.

Bible Gu. 841—4: Il ne vivent selonc droiture
> Molt menjuent et puis se blecent,
> A bien faire petit se drecent.
> Il sormenjuent, il sorboivent.

ib. 1273—6:   Le clers vins boivent;
> Et il sont chaut escumées

Des bons mangiers et des poivrées,
Et emplisent lor penitance.
Vgl.: Bible Gu. 1539—41; I. Rtbf. 445; I. Muis. 146; 148;
151, 5, 6, 7; 159, 5; 205, 2, 7.

Dieses schwelgerische Leben verzehrt die reichen Einkünfte.
I. Muis. 151, 6; S'en sont grans pourvéances assés tost des-
pendues,
Si que pour grans despens tout receptes
vendues.

Mit solcher Üppigkeit geht Trägheit und Unsittlichkeit Hand
in Hand. So spielt z. B. I. Rtbf. 159 auf die Nachbarschaft der
Pariser Karmeliter und der Beguinen an:
Li Barré sont près de Béguines:
XXIX en ont à lor voisines,
(Ne lor faut que passer la porte.).
I. Jub. 184: Mais plusieurs marchiez font dont sans flot
il ont vente,
Mais de fames souvent estranges sont parentes:
Vgl.: I. Jub. 244, 3; I. Muis. 204, 6.

Auch dem Gelübde der Armut läuft ihr Denken und Handeln
zuwider: sie trachten nur nach Schätzen, um dann wie weltliche
Herren prächtig zu leben.
I. Jub. 363: Qui le trésor amassent et poi de bien en font.
Li venin d'avarisce le ocist et confont.
I. Muis. 205, 2: On se voelt conformer aujourdui dont c'est
hontes.
A ches nobles signeurs, ces princeps et ches
contes.
Vgl.: II. Jub. 147; I. Rtbf. 172; I. Muis. 204, 6—7; 146;
150, 5—7; II. Muis. 66, 1—2; 67, 5.

In Betreff der Mittel, sich Reichtum zu verschaffen, ist
man nicht wählerisch: so berichten uns die Dichter, dass viele
Klöster Handelsgeschäfte betreiben.
Bible Gu. 1246—8: Mestre coçon et marchéant
Sont-il certes et bien errant.
Granz charroiz moinnent et granz sonmes.

3*

II. Muis. 65. 4: — cangeur sont tout rentet:
D'acater iretages sont tout entalentet.

Vgl.: Bible Gu. 1222; I. Rtbf. 240—1: I. Jub. 184. 4.

So weit geht dieser Krämergeist, dass sie sich nicht scheuen,
aus Kirchen Lagerspeicher und Ställe zu machen und auf den
Gräbern der Kirchhöfe die Schweine zu füttern.

Bible Gu. 1226—7: Je conterroie mil Eglises
Où il ont lor granges assises.

ib. 1234—7: Q'o cimetière sor les cors
Ont-il fetes les sos as pors:
Et là font gesir les asnesses,
Où l'en déust chanter les messes.

Auch als Ärzte und Advokaten suchen sie sich Geld zu er-
werben und zwar nicht immer auf redliche Weise. Auch dieser
Missbrauch ist Gegenstand der Beratungen der Konzilien, wie aus
II. Bousq. S. 236 hervorgeht.

I. Muis. 117, 3: Des advocas ossi, des maitres de phisicke;
Cascuns d'iaus vraiement en chou secour s'i
ficke.
Par quelle voye que soit, voellent devenir
ricke.
Et trop aiment mieuls chou que baisier le
relicke.

I. Rtbf. 226: — et pensent baras et cauteles
Dont il bestornent les quereles
Et metent ce devant derrière,
Le qui ert avant va arrière,
Car quant dant Denier vient en place
Droiture faut, droiture efface.

Vgl.: I. Muis. 111 und 112.

Ihre Habsucht schädigt oft die Nachbarn, denen sie ihr Besitz-
tum im Prozesse abzugewinnen trachten.

I. Rtbf. 248: Toujours veulent sans doner prendre.
Il tolent, l'en ne lor tolt rien.

Bible Ber. 291—2: Que s'il puessent plain pié de terre
Sor lor voisins par plet conquerre.

Vgl. I. Muis. 206.

Der Gehorsam gegen die Oberen ist aus den Klöstern gewichen; sie wechseln ihre Äbte oft, ja prügeln sie sogar, wie von den Praemonstratensern berichtet wird (vgl. Vaublanc S. 375).

I. Rtbf. 442: Se l'ordre de Prémonstré prent
Il me samble trop bone gent;
Mais lor abbé chaugent souvent.

Bible Gu. 1604: Il batent molt bien lor Abbez.

Die christliche Demut ist von dem geistlichen Hochmut verdrängt worden.

Bible Gu. 1458: Mès li orguielz les abesse.

Vgl.: ib. 1453—9: I. Muis. 146, 6, 7; 176, 5.

Über das gemeinschaftliche Leben der Mönche wird gleichfalls wenig Gutes berichtet. So wird ihre Uneinigkeit erwähnt; sie haben kein Interesse an einander, jeder thut vielmehr, was ihm beliebt.

I. Muis. 161, 7: Une cose je pense, c'est que fault unités.

ib. 162, 2: Dans abbés va dormir, se voet qu'on le
desporte;
Prieus, convent s'espardent, se deffont leur
cohorte;
Un vont par le gardin; l'autre vont à la porte.

Vgl.: Bible Gu. 1211—2; 1337—9; I. Muis. 151; 160; II. Muis. 69, 2.

Bible Gu. 1218—20: Li uns d'aus n'a pitié de l'autre,
Quant le voit gesir sor le fautre,
Pensif ou malade ou destroit.

Bible Gu. 1517—20 klagt über die Geschwätzigkeit der Mönche.

Mès il ne tienent pas silence,
Il parolent bien au mengier,
Et en dortor et en Moustier.
En cloistre parlent-il tuit.

Sie sind neidisch auf einander, doch verbergen dies unter der Maske erheuchelter Freundlichkeit.

I, Jub. 184: Mais hors ypokrisie ont et envie ens.

Sie wetteifern untereinander, Klosterämter zu erhalten, jedoch nur um sich dann grösserer Freiheiten zu erfreuen.

> I. Muis. 185: Car priès tous li cloistrier convoitent les
> offisces,
> Pour avoir ocquoison de querre mieuls délisces.

Interesselosigkeit am Klosterleben sowie Hartherzigkeit gegen die Armen tadelt an ihnen

> I. Jub. 184: Mais au moustier ne font ne grant chaut, ne
> grand presse,
> Ne de povres aussint ne leur chault que
> les presse.

Sie treiben höchstens schlechte Streiche im Kloster.

> I. Muis. 186: Au moustier tout jour ne font fors ke muser.
> Autre voelent toudis moiener et ruser.

Die Rivalität der Mönche bei den Abtswahlen führt oft zu tiefgehenden Spaltungen innerhalb des Konvents, die schliesslich mit kostspieligen Berufungen an die höchsten Instanzen endigen, welche das Klostergut verzehren und an denen nur die Advokaten ihre Freude haben.

> I. Muis. 160: Or se font grans parties: si s'en naist grand
> discorde:
> Si voit-on par les cours les plais déterminer,
> Les eslieuz et les monnes de florins affiner.
> Advocat sont dolant, quand vont si tost finer,
> Emprès bien les avoient de tout en tout ruiner.

Die Äbte geben den Mönchen ein schlechtes Beispiel. Sie führen ein durchaus verweltlichtes Leben; sie halten sich in prunkvoller Kleidung und Lebensgewohnheiten ganz wie grosse Herren und sind wenig im Kloster, dafür aber destomehr auf der Jagd und an den Höfen der Fürsten zu finden, wo sie sich im Trinken hervorthun. (Vgl.: I. Vaublanc. S. 375—6.)

> I. Muis. 159, 1: Ches abbés et ces moines rewardés cevauchant
> Compaignies grans mainent, se s'en vont
> exauchant:
> Bien les cognisterés comme corbaut au chant.

ib. 2: Palefrois et sommiers mainent ès compaignies,
Cevalier et bourgois en ont grandes envies.

ib. 7: Or est-on aujour dui des princeps conseilleur;
De ces drois, de ces lois voelt-on estre
signeur,
Es cours, avoec ces princeps, grand buveur.
grand migneur.

I. Muis. 107. 1: — les gentieuls gens qui vont cachier à
bisses:
Si laissent les moustiers et quèrent leur
délisces.

Vgl.: I. Muis. 108, 2, 4; 153, 3; 154, 5; 157, 4—6; 172, 6;
199, 5; 170, 2—3.

Daher wird denn auch den Äbten Schuld an dem Verfall
des Mönchswesens gegeben; von ihnen hängt Alles ab, meint Abt
Muisis, wenn sie mit gutem Beispiele vorangehen wollten, würden
ihnen Viele bald folgen.

I. Muis. 153, 3: O vous signeur abbet, c'est trestoute vo
couppe.

Bible Gu. 1056—8: Tuit dient que nos Abaïes
Sont par nos Abbés esbahis;
Destruites sont par nos Abbez.

I. Muis. 199, 5: Il dépent tout de vous, de vo seule personne.
Et se vous commenchiés, il vous sievront
vo monne.

Einem auffallenden Zwiespalte der Meinungen begegnen wir
in der Dichtung bezüglich der Bettelorden. Einerseits ergreift der
Abt Gilles li Muisis sehr energisch für dieselben Partei und stellt
sie als besser und tüchtiger als die rentierten Orden hin: andrerseits können verschiedene Dichter derselben Zeit, an ihrer Spitze
Rustebuef nicht genug des ätzenden Spotts über diese schein-
heiligen Gesellen ausgiessen. Hören wir erst den Abt Gillon le
Muisit!

Er rühmt den Bettelmönchen nach, dass sie ihre Pflicht in
hohem Masse erfüllen und den andern Orden zum Vorbild dienen
könnten; ja er nennt sie sogar die Blüte der Kirche.

I. Muis. 109, 5: Les ordènes mendians en font bien lor devoir;
  ib. 6: Ensi doivent bien faire autre religions.
  ib. 281, 1: On pout dire qu'il sont li fleur de Sainte-
                    Église.

Sie zeigen sich stark im Glauben und bekunden in Gesinnung und Thaten grosse Demut. Sie predigen eifrig dem Volke.

I. Muis. 256, 2: Sour tous autres soustiennent le foit li men-
                    diant.

En dis, fais et habis sont moult humiliant;
Il vont à toutes gens en tous pays praichier,
Dévotes consciences par sermons relaichier.

Sie studieren mit grossem Eifer und sind fleissig bemüht, in
ihren Schulen Gelehrsamkeit und Zucht weiter zu verbreiten; unter
ihnen befinden sich die grössten Gelehrten auf allen Gebieten der
Wissenschaft.

I. Muis. 270, 6: Il studient et lisent trestoute la semaine.
  ib. 257, 2: En toutes leurs maisons ont partout leurs
                    escolles.
  .   Il font des beaus services, s'ostent toutes frivoles.
I. Muis. 258, 4: De toutes facultés troèv-on là le maistrie,
                    Car trèstout en aprendre mettent leur estudie.

Gilles li Muisis selbst erwähnt wohl die Anklagen, die allgemein gegen die Bettelorden erhoben werden; er stellt sie aber als
grundlose Verleumdungen hin, die blos der Neid über ihr Ansehen
und ihren Reichtum hervorgerufen hat. Im Tone des Bedauerns
schildert er die Missgunst der rentierten Orden wie die Hartherzigkeit des Volkes gegen sie. Den Unverstand jener Anschuldigungen sucht er im Einzelnen nachzuweisen; z. B. zeigt er, wie
die Leute ihnen ihr vieles Umherziehen ausserhalb des Klosters
vorwerfen und dabei ganz vergessen, wie dies lediglich zu dem
Zweck geschieht, trostbedürftigen Kranken Beistand zu bringen.
Er schliesst damit, dass sie trotz aller Anschuldigungen und
Kränkungen unbeirrt fortfahren sollen, ihre Pflicht wie bisher
zu thun.

I. Muis. 269, 6: Par les confiesses sont signeur des grans
                    signeurs.

ib. 5: C'est bien de bas en haut qu'il montent par
clergies;
Pour chou dient pluseur qui sour yaus out
envies:
Quant qu'il dient et font, toutes sont plakeries.

ib. 279, 5: Aujour dui pluseur gent moult petit leur
offrient,
Et si leur sont moult dur et rampronnes dient.

ib. 272, 4: Or voelent pou de gent leur frequentations.
A leur femmes commandent tous leurs dons
anuler.

ib. 281, 7: Des gens de Sainte-Église sont petit visitet;
Cascuns pense pour li, d'autrui nuls n'a pitet.

ib. 266, 7: Le cause qui les muet d'aler, ne sevent mie,
Se c'est pour visiter les gens en maladies.

ib. 273, 3: Laissiés les gens parler; si faites vo devoir.

Und so hebt er noch mehrfach ihre guten Eigenschaften
hervor. (Vgl.. I. Muis. 256, 2—3; 257, 3; 267, 5; 268, 6; 269,
2, 5, 6, 7; 270, 5; 279, 6; 280, 3; 281, 4.)

Im schärfsten Gegensatze zu diesen Ausführungen stehen die
Urteile der andern Dichter wie Jean de Condé und namentlich
Rustebuef, der in beissenden Satiren die Bettelorden, besonders
die Jakobiner, geisselt.

Jean de Condé vergleicht sie Wölfen, da sie ihren Beicht-
kindern, wie jene den Schafen Schaden thun; sie predigen wohl
aller Welt frommen Lebenswandel, kehren sich aber selbst nicht
im geringsten an ihre Lehren. Falschheit, Betrügerei, Verrat,
Mord, das ist ihr Beruf. So scheut der Dichter selbst nicht davor
zurück, das im Volke weitverbreitete Gerücht wiederzugeben und
auch als seine Meinung anzuerkennen, dass ein Jakobiner, der
eigene Beichtvater, den allgemein beliebten Kaiser Heinrich VIII.
mit einer vergifteten Hostie beim Abendmahl ermordet habe.
III. Cond. 185, 130—1: Ce sont droit leu,
Qui de brebis font maint lait jeu.

ib. 184, 113—5, 120—2: Ils se meslent de precchier
Et si deffendent de pechier
Et clers et lais. —
Et il apertement mesprendent,
Ne point ne font
Ce qu'il dient.

ib. 188, 211—3: La lor maistresse,
Qui est mauvaise et barteresse.
Fausse, traître, murderesse.

ib. 183. 50—3: Li jacobins ses confesseres
.Li mauvais traîtres mordreres
Le venin mist
En l'ociste du cors Jhesucrist.

Rustebuef, ihre Habsucht geisselnd, erklärt sie für schlimmer
als Räuber, denn „sie rauben noch die Räuber aus".

I. Rtbf. 220: Covoitex sont, si com moi samble.
Fors lerres est qu'à larron emble.
Et cil lobent les lobeors
Et desrobent les robeors.

Sie verstehen überall ihren Vorteil zu erspähen.

I. Jub. 244: Pour ordres mendians ne fault-il pas prier?
Car bien scevent partout leur profit espier.

Mit bittrem Hohn gedenkt Rtbf. der Anfänge ihres Ordens,
da sie ärmlich gekleidet um die geringste Gabe bettelten, und wie
sie nun in prächtigen Palästen hausen und wohlgenährt auf feisten
Rossen durchs Land ziehen.

I. Rtbf. 176: Premier ne demandèrent c'un peu de repostaille
Atrat un pou d'estrain ou de chaume ou
de paille.

ib. 177: Tant ont éu deniers et de clers et de lais
Et d'exécutions, d'aumosnes et de lais
Que des bosses mesons ont fet si granz palais.

I. Jub. 184: Jadis de povre habit estre vestu voloient.
Et preêchant, à pié par le païs aloient,
Mais sur les gras chevaus vont hui et se
grassoient.

Sie haben gut Kreuzzüge gegen die Ungläubigen predigen, meint Rtbf. an anderer Stelle: denn während die Laien draussen für die Kirche ihre Haut zu Markte tragen, lassen sie es sich daheim gut sein und nehmen sich der verlassenen Frauen und Besitztümer an. Ja, wenn es jenseits des Meeres gut zu essen und zu trinken gäbe, fährt der Dichter mit bittrem Hohne fort, dann würden sie auch gleich dabei sein.

> I. Rtbf. 462: Ils ont bien quis lor aisément
> Et nous dient apartement
> Que prendons la crois d'outre-mer.
>
> ib. 461: Nont cure fors d'arghent sakier. —
> Mais il demeurent par de chà
> As dames garder k'il i a
> Et à la plenté de l'argent.
> S'on éust pein et vin de là
> Aussi grant plenté com de chà
> Ils se croisaissent vraiement.

Über die Art und Weise, wie sie zu ihrem Reichtum gekommen sind, wissen die Dichter mancherlei zu berichten. Namentlich muss das Abfassen und Vollstrecken von Testamenten wie überhaupt die Regelung von Erbschaftsangelegenheiten ein ihnen eigentümliches und recht lohnendes Geschäft gewesen sein. Seit den Konzilen des 13. Jahrhunderts war nämlich kein Testament mehr gültig, das nicht im Beisein eines Geistlichen abgefasst worden war. Diese Bestimmung machten sich nun die Bettelmönche dergestalt zu Nutzen, dass sie Jeden für verloren in der Ewigkeit erklärten, dessen Testament sie nicht abgefasst hatten. Dass der Esblasser aber sie nicht vergass, dafür wussten sie schon hinreichend Sorge zu tragen.

> I. Jub. 185, 2: Aussi la poverté vont preèchant de bouche —
> Mais plus des testaments scevent-il le couvine.
>
> III. Cond. 186. 182—3: Enquerant vont les yretages
> Et les muebles par les visnages.
>
> I. Rtbf. 161: Et de l'avoir ont il grant soume
> Et qui se muert se il ne's noume
> Pour exécuteurs, s'âme afole.

Vgl.: III. Cond. 255, 170—1; I. Rtbf. 161; 950.

Nach III. Cond 186, 149 befassen sie sich auch mit Makler-
geschäften:

De maint marcié sont couratier.

Auch Heiraten vermitteln sie

ib. 150—1: Encor plus il sont curatier

Des mariages,

doch zahlte, wie aus vv. 159—70 daselbst hervorgeht, die junge
Frau ihre Bemühungen für das glückliche Zustandekommen der
Ehe nicht selten mit ihrer Person.

Das Betrügen in jeder Form ist überhaupt ihr Geschäft;
namentlich wissen sie bei den Frauen, deren Beichtväter sie sind
ihren Vorteil wahrzunehmen und oft so gut, dass jenen selbst nichts
mehr bleibt.

III. Cond. 184, 94—8: Car ils dechoivent

Maintes gens qui ne se parchoivent.

Maint desguisé denier recheoivent

Par la païs;

Par eulz est mains preudon traïs.

ib. 187, 4: — tant que lor filles aient despourveii.

Dass sie auch keinen Anstoss daran nehmen, sich das Sünden-
geld der Wucherer vermachen zu lassen, erwähnt

I. Rtbf. 148: Il seulent maudire premiers

Les prestéors, les useriers. —

Or ont lor àmes pris en cure,

Exécutor por lor ordure

Sont d'aus por avoir lor deniers.

Von dem Ertrage der ihnen gespendeten Gaben und Almosen
führen sie ein üppiges Leben; namentlich fröhnen sie dem Trunke.

III. Cond. 254, 160—1: Les bons morsiaus pas ne caçoient

Les fors vins, les charnéz delis.

ib. 184, 90: — de fors vins grans buveurs.

Vgl.: I. Rtbf. 445, 450; III. Cond. 185, 146; 256, 208—9;
I. Jub. 185, 3.

Ihren Prunk in der Kleidung erwähnt III. Cond. 254. 164—5.

Onques nul jour part ne clamèrent
En dras de noces. si com faites.

Über die Anmassung der Bettelmönche klagt I. Rtbf. 152. Er hat dabei den Universitätsstreit der Dominikaner im Auge, welche, Unruhen der Hochschule zu Paris benutzend, zwei Lehr= stühle der Theologie in einem ihrer dortigen Klöster errichteten. Der Fakultät, welche diesen anmassenden Schritt rückgängig ge= macht wissen wollte, boten sie Trotz, so dass es schliesslich zu einer regelrechten Schlacht kam und die Universität für einige Zeit suspendiert wurde (vgl. Rosières. II. S. 43: III. Vaublanc 56—7).

Car chascuns de dieu nous parole
Et si deffent corour et ire. —
Or guerroient por une escole
Où il vuelent à force lire.

Mit den weiblichen Orden beschäftigt sich die Dichtung auch ziemlich eingehend. Sie sind so verweltlicht in ihren Trachten, meint Muisis, dass, wenn man ihnen selbst mit einer ehernen Zunge predigen wollte, es doch verlorene Mühe sein würde.

I. Muis. 320, 7: On poroit tous les jours à ches nonnains.

praichier,

Et poroit-on user une langhe d'achier;
Anchois qu'on puet les cuers d'aucunes re-
sachier
Dou siècle; là se vont, quand pueient enlachier.

Namentlich klagt der Abt Gilles li Muisis über das viele Herumschwärmen der Nonnen ausserhalb des Klosters. Man sieht sie so häufig auf den Strassen, wo sie durch ihr Äusseres und ihr Benehmen unvorteilhaft auffallen, dass die Zeitgenossen sich darüber aufhalten. So legt er den Leuten die folgenden charakteristischen Äusserungen über die Nonnen in den Mund:

I. Muis. 227, 1—2: Rewardés ces nonnains comment resamblent
fées.

Assés mieuls qu'autres femmes, elles sont
acesmées.

Or yront par ces rues, si seront rewardées;
Q'est chou qu'elles convoitent que bien soient
beées.
Dieu! k'elles scevent bien ces hommes
fiestyer!
Or ont laissièr le cloistre, se vont esbanyer.
Mieuls leur vausist pour elles, pour le peuple
pryer,
Que d'aler leur amis d'elles ensonnyer.

Vgl.: I. Muis. 213, 7; 216, 6: 217, 7, 5; 223, 4: 226, 7; 228, 5; 241, 1; I. Jub. 186; I. Rtbf. 242.

Es bleibt aber nicht bei dem gerügten Lustwandeln; sie besuchen auch allerlei Vergnügungen. Bezeichnend dafür ist die Verordnung des Konzils zu Paris 1212, dass den Nonnen nicht mehr gestattet sein sollte, zu tanzen, „weder in den Klöstern noch anderswo."

I. Muis. 241, 2: Or de pluseurs besoignes se vont ensonnyer.
Se vont avec leur gens partout esbanyer;
Se viènent pluseur gent canter et fiestyer.

Die Zucht ist in den Nonnenklöstern eine mangelhafte; die Nonnen tyrannisieren die Äbtissinnen, versäumen die Horen und Messen und wissen stets sich Urlaub zu verschaffen.

I. Muis. 218, 2: Les jovènes sont d'acort, se sont toutes maitresses;
Souvent pour leur congiés travaillent leurs abbesses;
Se faillent au moustier as heures et as messes.

Sie fühlen sich im Kloster noch als Damen und sind stolz auf ihre Herkunft.

I. Muis. 217, 3: Vous monstrés que soyés toutes de grant parages.

Gelegentlich der Wahl der Äbtissin enstehen auch in den Frauenklöstern häufig Streitigkeiten.

II. Muis. 69, 2; Pour avoir abbesses se débattent les nonnes.

Unsauberkeit in den Nonnenklöstern rügt Bible Gu. 2166—8:
  Une costume sanz raison
  Ont les Nonains et li colon:
  Ne tienent pas lor maison nete.
Auf geheime, wollüstige Disciplinen deutet anscheinend hin:
  I. Jub. 185: Mais il prenent souvent privées desciplines
    Qui leur valent au corps miex qu'autres
      médicines.
Ähnlich äussert sich auch
Bible Ber. 301—3: Mès eles ont mesores plusors,
  Où l'en parole et fet d'amors
  Plus c'on ne fet de Dieu servir.
Vgl.: I. Jub. 186; I. Muis. 219, 6.

Die Nonnenklöster üben eine weitgehende Gastfreundschaft gegen Angehörige des anderen Geschlechts; namentlich sind ihnen jüngere Gäste stets willkommen.

Wie es bei solchen Festen dann zuging, kann man sich ungefähr aus der bei I. Muis. 215, 5 erwähnten Thatsache vorstellen, dass die simplen Nonnen, welche etwa Anstoss an derlei Dingen genommen hätten, bei solchen Gelegenheiten gern beurlaubt wurden.

I. Muis. 215, 4: Es maisons de nonnains aucun sont bien
      venut,
  Et as gens festyer n'a nul règne tenut,
  On y va volontiers et souvent et menut,
  Mais mieuls sont festyet jovène que li kenut.

  ib. 5: On maine bien les gens ès lieus de la maison,
    Par prendre le congiet les bielles apais-on.

Im Punkte der Liebe greift denn auch die Dichtung die weiblichen Orden mit Vorliebe an. Die unreinen Begierden der Bräute Christi werden namentlich oft mit schonungslosem, kaum wiederzugebendem Spott gegeisselt.

I. Muis. 240, 4: Trop bien diroit ses heures avec un bacheler,
  Un jolit clere qui bien le savoit escoler.

I. Jub. 185, 6: Par dehors com coulons, mais par dedens
renards.

Se tu t'aproches d'eles, gardes que tu ne
t'ardes.

ib. 7: Car le feu Saint-Aintoine et le feu Saint-
Sauvain,

Embrace tous leurs cuers, qui ne sont pas
povain.

Entre leurs cuisses est tel chaleur soir et main,

Il faut que l'en y perde ou teste, ou pié,
ou main.

Auf der Strasse wissen die Nonnen trotz des Schleiers
trefflich mit den jungen Leuten Blicke zu wechseln. Sie empfangen
von ihren Liebhabern selbst im Kloster Botschaften und Briefe
und denken nur daran, wie sie den Klostermauern entschlüpfen
können, um mit jenen sich den Freuden der Liebe hingeben zu
können.

I. Muis. 241, 3: Desous les warcoles ont souvent l'oeil au vent,

Et cil jolit vassal les rewardent souvent.

ib. 216, 2: Tel amant font samblant de tenir leur couvent,

S'envoient messages et menut et souvent.

ib. 3: A ches messagiers prendent lettres ou
tavelettes.

Li dedens sont escriptes parolles d'amourettes.

ib. 5: Si prendés des congiés moult souvent sans
raison;

Mais amours nous semont, qui tondis voelt
saison.

ib. 241, 1: Or avisent et pensent comment avoient
congiés:

Pauor ont que ne soit leur amis eslongiés.

Vgl.: I. Muis. 215, 5—6; 218, 2; 229, 7.

Besonders macht sich Ruteboeuf über die Beguinen und
Filles-Dieu lustig. Die Ersteren waren Frauen oder Mädchen,
die nach einer Regel im Kloster lebten, ohne aber ein Gelübde
geleistet zu haben, so dass sie jeder Zeit wieder austreten und

heiraten konnten. Dies geschah denn auch häufig und wird
I. Rtbf. 160 und 451 tadelnd erwähnt:

Et s'an ist bien por mari prendre.

Besonders reizt die Satyre Rusteboeufs der Umstand, dass
die Beguinen, obwohl sie innerlich höchst weltliche Begierden
hegen (S. 35), doch in allem, was sie thun mögen, für heilig und
unantastbar gelten, weil sie sich des besonderen Schutzes des
Königs erfreuen. So lässt er sich denn I S. 187 vernehmen:

Sa porole est prophécie,
S'ele rit, c'est compaignie,
S'ele pleure, dévocion;
S'ele dort, ele est ravie;
S'ele songe, c'est vision,
S'ele meust, non créeiz mie.
Se Béguine se marie,
S'est sa conversacions:
Les veulz, sa prophécions
N'est pas à toute sa vie. —
Or se garde, or se marie,
Mais n'en dites se bien non
Li Roi no sufferioit mie.

ib. 451: Or covient que mais vendus soient
Camelie por ses bones dames
Puisqu'il seront comme autre fames,
Camaius seront a marchié.

ib. 172: Beguines a-on mout
Qui larges robes ont:
Desous les robes font
Ce que pas ne vous di.

Die Filles-Dieu, eine von Louis-Saint gestiftete Kongregation
zur Rettung gefallener Mädchen, forderten gleichfalls den Spott
der zeitgenössischen Dichter heraus; vgl.: I Rtbf. 450:

Qui Filles-Dieu sont apelées
Et quand veulent sont mariées
Et sont bien Filles-Dieu nommées
Teles que Dieu n'a engendrées.

Bien scevent les hostieux aux moinnes
Et aussi celes aux chauvines.

Der übergrossen Nachsicht der Äbtissinnen schreibt Gilles
li Muisis I 229, 7 die Schuld an all diesen Missständen zu:

Abbesses ont grant coulpes en ces désordenanches,
Par leur congiés légiers et par leurs grans
souffrances.

C. Der dritte Stand.

Der dritte Stand, in der Dichtung Peuple commun, Bourgois,
Vilains bezeichnet, ist sowohl in seiner Gesammtheit wie in seinen
verschiedenen sozialen Abstufungen (Arme, Reiche u. s. w.) und
einzelnen Berufsarten (Kaufleute, Beamte, Arbeiter u. s. w.) Gegenstand der Betrachtung.

Verschieden ist das Urteil, das wir in der Dichtung über die
gesellschaftliche Stellung des dritten Standes in seiner Gesammtheit
finden. Wie aus diesbezüglichen Angaben in den Gedichten selbst
ersichtlich ist, hat sich zu jener Zeit die Gesellschaft bereits in
einem Stadium des Ausgleichs der sozialen Gegensätze befunden;
darauf lassen z. B. die wiederholten Klagen über den Verfall alt-
adliger Geschlechter, das Aufblühen geringer Familien aus dem
Bürgertum, über häufige Mischehen zwischen Adel und Bürgertum,
über die wachsende Macht und das Ansehen bürgerlicher Reiche
u. s. w. schliessen.

Trotzdem man aber in der That also mit jenen gesellschaftlichen Vorurteilen vielfach aufgeräumt hatte und im praktischen
Leben mit dem sich mächtig entwickelnden Bürgertum als mit
einem nicht zu übersehenden Faktor rechnen musste, so findet
sich doch in der Dichtung — und diese repräsentiert im Durch-
schnitt die Meinung der ersten beiden Stände — der Standpunkt
souveräner Verachtung des bürgerlichen Elements vertreten. In

ausgeprägtem Masse gilt dies von einem Gedichte der Sammlung „Jongl. et trouv.", das sich „Despit au vilain" betitelt und in der That den dritten Stand mit unsäglicher Geringschätzung behandelt. So beginnt dies Gedicht gleich mit der Frage, mit welchem Recht denn der Vilain so gute Bissen esse, für den doch Disteln und Stroh die angemessene Nahrung sei. Von rechtswegen müsse er Tag und Nacht arbeiten und unbekleidet wie das Vieh auf allen Vieren auf der Weide herumlaufen.

> Igl. 107, 1—4: Seignor, dites-moi, s'il vous plest,
> Par quel reson ne par quel plet
> Manjue vilain char de buef
> Ne bon morses où il ait oef?

> ib. 16—20: Il déussent mangier chardons
> Roinsces, espines et estrain
> Au dimanche por de fain
> Et du pesaz en leur semaine;
> Tor jors veillier et avoir paine.

> ib. 30—2: Il déussent parmi les landes
> Pestre herbe avoec les bues cornues,
> A .iiij. pier aler toz nus.

Der Vilain ist die Wurzel alles Übels.

> ib. 27—8: Par aus est toz li biens gastez.
> De Vilain vient toute lastez.

Diese Anschauungen gipfeln dann in dem Schlusssatze: Mag der Vilain auch alle Schätze der Welt besitzen, er ist und bleibt doch immer der dumme und missachtete Vilain.

> ib. 55—8: Vilains est fols et sos et ors;
> Se toz li avoirs et li ors
> De cest monde estoit siens, par non,
> N'est li vilains se vilains non.

Einen ähnlichen, wenn auch nicht ganz so extremen Standpunkt nimmt Rustebuef ein, der in der Entwickelung des dritten Standes zu Macht und Ansehen die Erklärung für gewisse Schäden der Gesellschaft sieht; z. B. I. Rtbf. 21:

Quant li moiens devient grand sires
Lors vient flaters et naît mesdires:
C'il vuet, li miendres est li pires.

Vgl.: II. St. Hilaire 53, 1—9.

Einen aufgeklärteren Standpunkt vertreten Baudouin und Jean de Condé, die darauf hinweisen, dass man die Angehörigen des dritten Standes keineswegs verachten dürfe, weil sie „Vilains" seien. Diese Bezeichnung hätten sie nicht — wie allgemein angenommen worden zu sein scheint — wegen ihrer sittlichen Schlechtigkeit, sondern weil sie in Städten oder Dörfern wohnten.

III. Cond. 189, 14—7: Il sont gent qui vilain ont non
Pour ce qu'en la ville demeurent
Et là gaaignent et labeurent.
Si les tient mains hons en despit.

Wie man dazu kam, die Bezeichnung „Vilain" von „vil" abzuleiten, ist sehr leicht erklärlich, wenn man bedenkt, dass der Bauer mit seinen groben Sitten im schroffsten Gegensatze zu dem Ideal ritterlichen Wesens, der „Courtoisie" stand. Da für einen höfisch erzogenen Ritter nichts schimpflicher und verächtlicher war als bäurisches Benehmen, so hatte dies schliesslieh die Geringschätzung des „Vilains" zur Folge, wie sie uns in der oben angeführten „Despit au vilain" vor Augen tritt. Der „Vilain" wurde eben typisch für Alles, was das Gegenteil ritterlicher „Courtoisie" war, kurzweg also der Inbegriff alles Schlechten und Verachtenswerten. Dieser Anschauung seiner Zeit tritt nun namentlich Baudouin de Condé entgegen, indem er ausdrücklich hervorhebt, dass in der schlechten Bedeutung des Worts keineswegs jeder Angehörige des dritten Standes ein „Vilain" sei. Einen groben Missgriff begehe, wer dies glaube. Vielmehr sei diese Bedeutung nur da zutreffend, wo sie den Charakter wirklich kennzeichne. Es sei im Gegenteil jeder Bürger oder Bauer, der das Herz auf dem rechten Fleck habe, ein wahrer Edelmann in des Wortes höchster Bedeutung. Ja, doppelt sei der Arme zu achten, lehrt auch das „Livre des Manières", der trotz seiner armseligen Lebensverhältnisse treu seine Pflicht erfülle. Umgekehrt sei mancher von Geburt Edle seiner niedrigen Charaktereigenschaften wegen

ein wahrer „Vilain" zu nennen. Ja, soweit treibt er die Konse-
quenzen dieser Auffassung, dass er selbst nicht vor der für seine
Zeit gewiss recht paradox klingenden Behauptung zurückscheut,
ein armer, aber rechtschaffener Hirt sei höher zu achten, als ein
sittlich verdorbener Königssohn!

I. Cond. 179, 104—6: Nus est vilains se de cuer non,
      Ne nus gentius hom ensement
      S'il n'oeuvre de cuer gentiument.

 ib. 178, 79—82: Dont est vilains, je n'en doute mie,
      Li homs qui fait la vilounie.
      Soit rois ou dus ou chastelains
      Plus est haut hom, plus est vilains.

  ib. 85—90: Ki ki soit gentius de cuer —
      Autre gentillece ne cuer,
      S'il est fius au plus vilain home,
      Qui soit en l'empire de Roume,
      Jà pour çou ne le despise on;
      Car il est assés gentius hom.

 Man. 705—8: Et quant plus vit de povre vite,
      De tant à il grainor merite,
      Se il rent partout sa debite
      Et leialment sa fei aquite.

III. Cond. 190, 32—7: Mais s'il est uns vilains de ville
      De courtois fais et de gentieus
      Nuit et jour faire talentieus,
      Qui un tel home blasmeroit
      Et qui vilain le clameroit,
      Il mesprendroit, ce m'est avis.

 ib. 194, 158—61: Mais mieus vaut i. bons pastoriaus
      Qui voie de bien faire tient,
      C'un fils du roy qui se maintient
      Ordement et vilainement.

 Vgl.: II. Muis. 54, 3; I. Cond. 13, 341—6; III. Cond. 97,
18; 194, 148—50.

Boudouin und Jean de Condé stehen mit ihrer Auffassung
nicht vereinzelt da: auch noch bei anderen zeitgenössischen Dichtern

finden sich Anschauungen, die sich von dem beschränkten Standpunkt der „Despit au vilain" frei machen und bereits eine Ahnung von der wirtschaftlichen Bedeutung des so missachteten dritten Standes verraten. So wird bei Deschamps und im Livre des Manières der Gedanke ausgesprochen, dass der dritte Stand der eigentliche Träger der Gesellschaft sei, denn er erhalte die anderen Stände.

Desch. 39: Li peuples doit chascuns jour labourer
Pour les estas des nobles soustenir.

Man. 673—80: Li clerc doivent por toz orer
Li chevalier sanz demorer
Deivent defendre et amorer
Et li paisant laborer.
Terres arer, norir aumaille,
Sor le vilain est la bataille.
Quar chevalier et clerc sanz faille
Vivent de ce qu'il travaille.

Vgl.: II. Cond. 377, 207—11: III. Cond. 280, 93—6: I. Jub. 291, 3.

Ähnlich äussert sich auch Gilles li Muisis. Er zeigt, wie dem Kerne des Bürgertums, dem Mittelstande, der gleich fern von der gefährlichen Höhe der bevorzugten Klassen wie von dem Elende der tieferen Schichten sich in glücklicher Zwischenstellung befindet, nach oben wie nach unten die Aufgabe obliegt, zu erhalten.

II. Muis. 2, 2: Moyens convient et grans et petits soustenir.
ib. 3: Li grant voellent toudis ouvrer de forche:
Povres dou pou qu'il ont, souvent on les
escorche.
Et les moyennes gent il n'est qui les déporche.
ib. 4: Li plus seurs estas assés, c'est li moyens;
De rikes et des povres est ainsi qu'uns loyens.
ib 5: Mais c'est plus pour le leur que pour amour
qu'il ayent,
Pour rikes et pour povres li moyens souvent
payent.

Im Folgenden sei nun gezeigt, wie die Dichtung über die innerhalb des Bürgertums herrschenden Zustände urteilt. Der an Adel und Klerus gerügte Luxus bietet auch bei dem dritten Stande Anlass zum Tadel. Es zeigt sich die Verschwendungssucht in dem übertriebenen Aufwande der Haushaltungen, sinnlosem Prunke der Kleidung und in dem Uebermasse der Festlichkeiten, namentlich in schwelgerischen Gastmählern.

II. Jub. 121: Li biau boivre, li biau mangier,
Li biau vestir, li biau chancier
Les granz robes et li palefrois.
Les granz dames et li bourgois
Et li vilain et li cortois,
Sont si à cel délit torné.

III. Cond. 220, 105—6: Et les degisances sont villes
Que veons as bours et as villes.

Vgl.: Wats. 360, 34—7; 361, 70—3; III. Cond. 220; I. Muis. 224, 3; II. Muis. 87, 7; 88, 1; 94, 5; 112, 1—2; 153, 6; 157, 2; 160, 5; 248, 2; 274, 8; 277, 8.

Soweit geht diese unsinnige Verschwendung, dass oft der Verdienst einer ganzen Woche an einem einzigen Tage verzehrt wird; zu Luxusgeräten wird soviel Edelmetall verbraucht, dass das Material fehlt, Münzen zu schlagen.

II. Muis. 89, 1: On despent en un· jour tréstoute sa semaine.

ib. 278, 2: On ne troève de quoi faire forgier monnoies.
Argens est as vasciaus, as tasces, as coroies,
As rikes adours, as caperons de soies.

Nicht nur reiche Leute treiben diesen Luxus, sondern auch die unbemittelten Klassen, die von ihrem täglichen Erwerbe leben, nehmen an diesen Ausschweifungen teil.

II. Muis. 90, 1: Mais ches menues gens qui n'ont fors qu'il
wagnent,
Quant il sont ensanle, riens de boins il
n'espargnent.

Der übertriebene Prunk der Kleidung ist allein Gegenstand ganzer Gedichte; so beschäftigen sich z. B. die „Conte des hiraus" des älteren und des „Dit du singe" des Jean de Condé lediglich

damit, die von Stutzern eingeführte Heroldstracht zu geisseln bezw.
die Modenarren seiner Zeit mit Affen zu vergleichen.

I. Cond. 169, 490—3: N'estoient mie bien lannée
　　　　　　　　　　Sor drap, ains avoit en lor cotes
　　　　　　　　　　Plus de piertruis et d'aligotes
　　　　　　　　　　Qu'il n'ait entour un maistre autel
　　　　　　　　　　De reliques.

III. Cond. 248, 45— 9: Or sont venues en avant
　　　　　　　　　　Courtes manches à bec devant
　　　　　　　　　　Trop astroites parmi les bras,
　　　　　　　　　　Et si decope on les bons dras
　　　　　　　　　　Par grands bendes et par quartiers.

　　ib. 220, 80—3: Gens qu' ainsi veons demener
　　　　　　　　　　En maintiens et en paremens
　　　　　　　　　　C'est bien propres comparemens
　　　　　　　　　　Au singe.

　　Vgl.: III. Cond. 219, 71—4, 60—2; 248; I. Cond. 109;
II. Muis. 277, 8.

Nicht minder übertrieben waren die Ausschreitungen bei
Gastmählern, wo es vorkam, dass Leute sich nicht nur finanziell
ruinierten, sondern sich buchstäblich zu Tode assen und tranken.

Watr. 360, 47—9: Et bien est li mengiers fondus
　　　　　　　　　　Dont uns preudons est confondus,
　　　　　　　　　　Apouris et mis en dangier.

　　ib. 70—3: Grans outrages et forfais
　　　　　　　　　　Voit on faire en pluseurs ostez,
　　　　　　　　　　Dont essilliez est et gastez
　　　　　　　　　　Tiex hous ou telle.

　　ib. 110—3: Puis se font servir à desroi
　　　　　　　　　　De .iij. mès ensemble ou de quatre.
　　　　　　　　　　Escuĕles, l'une sus l'atre,
　　　　　　　　　　Viennent bien X. à une fois.

　　ib. 88—9: Come beste
　　　　　　　　　　Se maintiennent et pis assez.

ib. 94—6: Et on voit maintes gens tuer
Par trop mengier et plus qu' à point,
Quant fain ou apetit n'on point.
ib. 106—9: Li uns rueve du tonnel plain,
Li autres de la queve plaine;
Se c'estoit rivière et fontaine,
S'en font il outrage et desroi.

Vgl.: I. Jub. 247; III. Cond. 226, 97—9; II. Muis. 89, 6;
275, 1; 76, 5; 86, 4; 87, 5—6; 88, 7. Watr. 359, 43—6, 68—73,
110—13, 173—4.

Auch der übermässige Wirthshausbesuch ist Gegenstand der
Klage. Selbst während der Messe liegen die Bürger in den
Tavernen, wo sie ihren Erwerb im Trunk und Spiel vergeuden;
trunken nach Haus zurückgekehrt, prügeln sie Weib und Kind.

I. Jub. 375: Vont en la taverne où il boivent,
Quant oïr la servise doivent,
Et font traire du plus fort vin.
Souvent faut que l'oste les boute
Hors de l'ostel, tant y sont tart. —
Quant reviennent à l'ostel
Il batent femmes et enfans,
Ainsi gastent les meschéans
En .i. jour, par leur lécherie.
De quoi leur femmes et leur mesnie
Vesquissent bien une semaine.

Vgl.: Igl. 107, 22—3; II. Muis. 5, 91—2.

Neben dieser Verschwendungsucht findet sich Geiz und Hartherzigkeit gegen den Bedürftigen.

Watr. 363, 134—6: L'aumosne, s'est gasté toute
Ainz que si povre en aient point
Elle n'est pas donnée à point.
III. Cond. 225, 79—80: Et que fet lo peuples moyen?
Lasciez les a en ses loyens

Avarice.

Wucher, teils heimlich, teils offenkundig betrieben, wird den
Bürgern wiederholt zum Vorwurf gemacht.

I. Jub. 284, 1: Usure est as bourjois amie.

III. Cond. 226, 83—6: Si veons qu'au jour d'ui avient
Que chascuns usuriers devient;
Qui ne le fet ouvertement,
Si le fet il couvertement.

In trauriger Lage befindet sich nach den Schilderungen der Dichtung die Landbevölkerung. Sie hat am meisten unter den Bedrückungen der Herrscher zu leiden. Was der König nicht nimmt, das nimmt sicher die Herrschaft.

I. Jub. 377: Les laboureurs sont trop folez:
Foin et avainne, vin et blez,
Prent-on sur eulz soir et matin.

Man. 687—90: Ne mangera jà de bon pain;
Nos en avon le meillor grein
Et le plus lies et le plus sein,
La droc remeint au vilain.

ib. 693—6: S'il a grasse oie ou geline
Ne gastel de blanche farine.
A son saignor tot la destine
Ou a sa dome en sa gesine.

Doch hat auch an den Landleuten die Dichtung mancherlei auszusetzen. Es wird Mangel an Religiösität an ihnen gerügt: sie hadern mit Gott, wenn sie ein Unglück in ihrem landwirthschaftlichen Betrieb betrifft, wissen aber nichts von Dankbarkeit, wenn sie ein gutes Jahr gehabt haben. Den Zehnten führen sie nicht regelmässig an die Geistlichen ab und gehen nicht zur Kirche.

Man. 713—6: Mes ne prent rien en patience.
Ainceis s'oiest et ou Dé tence:
„Et Dex," fet il, „par quel consence
M'avez doné tan pestilence?"

ib. 707—10: Et se il fet qui tort à bien,
Il n'en mercie Dé de rien;
Ne l'en set gré quel a un chien
„Or l'ai bien fet," fet il, „do mien."

I. Jub. 287: Vous ne repaissiez, ne venez
Si com devez à sainte église.
Les dîmes par vo convoitise
Retenez.

Eigennutz und Habsucht beherrscht auch sie. Am liebsten
verteuern sie die Getreidepreise; sie gönnen sich einander ihren
Besitz nicht und betrügen sich gegenseitig — wohl, indem sie die
Grenzen heimlich verrücken, ein in jenen Zeiten häufiges Ver-
brechen (vgl. II. Rosières, S. 429) — oder sie weiden ihr Vieh
auf fremdem Grund und Boden.

I. Jub. 379: Ils vorroient que pain fust chier
Quant on de pain plains leur greniers.
Bible Ber. 218—23: Des laboréors je vous di
Que li uns conquiert volentiers
Sor son compaignon deus quartiers
De terre, s'il puet en emblant.
En plusors manieres sont faus
Es tricheors li plusors d'aus.
I. Jub. 287: Bestes en autrui bien menez.

---

1. Die Reichen.

Der Reiche erfreut sich allgemeinen Ansehens.

II. Cond. 147, 59—66: Bien veons, c'est la somme.
Au siècle honneure on le rice homme.
II. Muis. 161, 5: On tient partout les rikes pour signeurs et
pour dames.

Das Geld adelt den Menschen von geringer Herkunft und
macht selbst die Dirne geehrt.

Jgl. 95, 30: Denier fet cortois le vilain.
Jgl. 97, 81: Denir fet putain atroter.
Vgl.: II. Muis. 161, 5, Jgl. 96, 68; 97, 72, 77.

Dem Reichen sieht man sittliche Mängel leicht nach.

III. Cond. 192, 112—4: Car tant com avoirs plus efforce
Tant est li homs plus avant trais.
On lait aler tous ses faus trais.

Ja selbst offenbaren Schuften huldigt die Welt, wenn dieselben nur die reichlichen Mittel haben, sich ihre Gunst zu erkaufen.

II. Cond. 83, 75—7: Si n'i a nul si ort truant,

Sierf vilain ne bastard puant,

Cui avoirs ne faice essaucier.

Das wird im Einzelnen näher gezeigt. Der Reichtum, den die Menge ehrt, ist oft auf schmutzige Art erworben.

III.Cond.192,107 - 110: Et si veons richesce acquise

Par mainte merveilleuse guise:

Par fausseté u par usure

Par rapine ou par souspressure.

Namentlich ist Reichtum oft durch Wucher erworben. Wie verbreitet der Wucher in der That war, geht z. B. aus I. Pigeonneau 244—5, 252, 257—8 u. s. w. hervor; daselbst finden wir auch S. 106 Angaben über die Höhe des Zinses, welcher zwischen 25 und 80% schwankte. Trotzdem der Wucherer sich der schmachvollsten Handlungen schuldig macht — ausser dem Hab und Gut seines Schuldners nimmt er auch oft noch die Ehre seines Weibes oder seiner Tochter in Zahlung — erfreut er sich doch der öffentlichen Achtung in höherem Grade als manch' verdienter Ehrenmann.

II. Cond. 82, 35—8: Or sont partout mestre et signeur

Et leur porte on honeur gregneur

C'as millieurs qui ou pays sont,

Qui le leur de droit acquis ont.

Man. 837—40: Il quide avoir chatel ou monte,

Mes cil li deffet moult son conte,

Encor li fet il meire honte,

Sa feme ou sa file li monte.

Vgl.: II. Muis. 65, 4; 72, 3; 73, 3.

Wie den Wucherer, ehrt man auch die reichgewordenen Falschmünzer.

III. Cond. 82, 40—3: Regardons .i. faus monnoyer:

Jà n'ara par si ville gise

Riquece asantée n'aquise,

Qui ne soit partout avant trais.

Ja, die Tochter eines solchen in Sünden reich gewordenen vilain wird ihres Geldes wegen mehr begehrt als die eines ehrlichen aber armen Edelmannes, klagt II. Cond. 82, 44—50:

> Or soit ensi qu'il soit estrais
> De nation villaine et ville.
> S'ait à marier une fille,
> Il en sera plus grans à rée
> Et l'ara plus tort mariée
> K'un gentils homs ne doie avoir,
> Par covoitise de l'avoir.

Dem Reichen gelingt es auch, sich das Recht zu erkaufen; ja selbst vom Tode kann ihn sein Geld noch retten.

II. Muis. 20, 6: Li rike se retakent, se pent on les meschans.

Vgl.: II. Cond. 83, 54—5; III. Cond. 192, 111—4; II. Muis. 18, 1; 71, 3.

Dass der Dichter hier nicht übertreibt, beweist ein bei III. Dulaure, S. 292 erwähnter Fall, wonach 1330 in Paris ein zum Tode verurteilter reicher Bürger den Prevôt bestach, der einen unschuldigen, armen Menschen statt seiner hängen liess.

So sieht denn die Welt dem Reichen wie jede Gewaltthätigkeit auch den Mord nach.

II. Cond. 81, 18—20; 25—7: Homme qui autre mort eüst

> Il en fust estruis et hays
> Et blasmés de tout li pays. —
> Or en sont amet et prisiet
> Et des plusieurs autorisiet:
> „Ver là soutil et hardit homme!"

Da der Reiche sich so der allgemeinen Nachsicht erfreut, ist auch sein sittliches Streben ein äusserst geringes: er trachtet vielmehr lediglich danach, neue Güter zu gewinnen.

II. Cond. 256, 48—51: Mais qu'onques peut, engin vait querre

> Dont il ait avoir et riquece;
> Pau quert on autre gentillece
> Ne autre honneur.

Vgl.: II. Cond. 256, 44—7; 148, 85—8.

Die Hartherzigkeit der Reichen erwähnt schliesslich noch
II. Muis. 8, 1: Car as rikes prent pau des povres gens pités.

2. Die Armen.

Der Arme ist missachtet. Wer nichts besitzt, gilt nichts, mag
er noch so brav und tüchtig sein.

I. Rtbf. 227: Fols est clamez cil qui n'a rien.

II. Cond. 257, 53—5: Quant .i. homs est povre sclamés,
Il n'est hounourés ne amés.
Combien qu'il soit de bon renon,
C'est riens quant d'avoir est se non.

Vgl.: II. Cond. 266, 43—4; II. Muis 2, 7.

Der Arme ist machtlos und infolgedessen auch rechtlos; er
ist sowohl der Willkür des Mächtigen wie der Ungerechtigkeit
der Justiz preisgegeben. So erwähnt Joinville S. 149—150, dass
das arme Volk von Paris wegen seiner Schutzlosigkeit gegenüber
den Vergewaltigungen der Vornehmen und der Gerichte in grossen
Mengen in andere Gerichtsbezirke ausgewandert sei und dass vor
dem Gerichtshofe des Königs höchstens immer nur 10—12 Personen
erschienen, um dort ihr Recht zu suchen.

I. Rtbf. 226: Povre parenz nus n'aparente. —
Qui riches est s'a parenté;
Mes povres hom n'a parent té.

I. Jub. 377: Mais maintenant en plusieurs cors,
Ne veult-on povres gens oïr.

Vgl.: I. Cond. 255, 306; 3, 60—3; 13, 151; II. Cond. 83,
51—3; II. Muis. 155, 7.

Es geht durch die niederen Klassen ein Zug der Unzufriedenheit und der Auflehnung gegen die althergebrachte gesellschaftliche Ordnung. Der Arme neidet den Begüterten ihren
Wohlstand, auch er will sich des Wohllebens erfreuen.

II. Muis. 7—5: Comment moyens as gros ne s'umelient mie.
S'ont sour gros et moyens li povre gent envie.

Bible Ber. 367—8: Li povres brait les jors et crie
Qu'il ait avoir et manantie.

Die geringen Leute wollen es den Grossen an Prunk und Benehmen nachthun, selbst Schäfer und Ackerknechte kleiden sich wie grosse Herren.

II. Muis. 7, 6: Cascuns vonsit iestre, s'il poroit, un grans sires,
Une meskine dame.

III Cond. 220, 97—101: Si n'i a vilain ne bergier,
Qui ne veulle sans atargier
Avoir boutonnées les mances,
De soie, com il voit geur d'ounour.

Vgl.: ib. 107—111: II. Muis. 75, 6.

Bei II. Jub. 69—70 sieht der Dichter den Grund für die überhandnehmende Armut in der Arbeitsscheu der niederen Klassen. Schliesslich wollen sie sich lieber von Raub und Mord nähren, anstatt sich ehrlich durchzuschlagen:

Et savez vous por quoi ne vuelent gaeignier?
A la besoigne fère sont coart et lanier,
Si ce vient qu'il deviegnent ou larron ou
hourier.

An andrer Stelle sieht die Dichtung in Trunksucht und Spielwut die Ursachen für das Elend der niederen Schichten der Gesellschaft.

I. Jub. 380: Les uns sont povres par trop boire,
Les autres par le gièu du dé.

---

1. Kaufleute.

Die bei allen anderen Ständen getadelte Habsucht wird auch bei den Kaufleuten erwähnt.

I. Jub. 191, 7: Convoitise en tous et en chascun habonde.

Vgl.: III. Cond. 225, 80—1.

Der Abt Gilles li Muisis bemerkt Trägheit an ihnen; sie sitzen lieber im Wirtshause, als dass sie sich um ihr Geschäft bekümmern.

II. Muis. 81, 8: Par praiche moult souvent pierdent li marcheant.

ib. 82, 1: Li boin marchéant vout travillier et pener;
Mais li prêcheus pau wagnent, boire poeent
boulie.

Die Hauptklage aber über die Kaufleute ist, dass sie keinen ehrlichen Handel mehr treiben, vielmehr die Leute betrügen.

I. Jub. 284, 1: Et en marcheans (maint) tricherie.

II. Muis. 156, 3: Veons en marchandises s'il y court faussetés.

Die Dichtung schildert uns auch die Art und Weise, wie das Publikum übervorteilt wird. So wird erstens den Kaufleuten zur Last gelegt, dass sie ihre Waaren überteuern oder minderwertige Gegenstände als gut anpreisen und losschlagen.

I. Jub. 191: Mais leur purjoise font. X. fois valoir demie.

I. Rtbf. 223: Et si jurent que lor denrées
Sont et bones et esmerées
Tels fois que c'est mençonge pure.

Vgl.: I. Jub. 378: Man. 821—4; 921— 4.

Sodann wird ihnen Anwendung falschen Masses und Gewichts vorgeworfen.

II. Jub. 193: Pou mesure ont en pris qu'en n'i trueve redlte.

I. Jub. 191: Chascuns pis mesure
A son voisin qu'a soy; por ce, contre droiture,
Usent de double pois de diverse aléure.

Vgl.: I. Jub. 286; ib. 378.

Verschiedentlich wird ihnen auch aus Termingeschäften ein Vorwurf gemacht, da sie wahrscheinlich, wenn sie Waaren auf längeren Kredit geben, dafür einen höheren Preis oder Zinsen nahmen, eine Geschäftspraxis, die nach den Anschauungen jener Zeit als Wucher verdammt wurde.

I. Rtbf. 223: Si vendent à terme et à usure.

I. Jub. 378: Mais dorenavant
On voit tant de fauses mesures,
De termoiemens et d'usures,
Ce on ne se set en qui fier.

Ausser an den oben angeführten Stellen wird ihnen Wucher auch sonst wiederholt nachgesagt.

I. Jub. 286: Marcheandise n'est pas pure:
Assez chevauche près d'Usure.

III. Cond. 226: Maint marchié à usure est quise.

Wenn nun auch so mancherlei Klagen laut werden, so findet sich daneben doch auch in der Dichtung die Meinung vertreten, dass ihr Stand die allgemeine Achtung, ja sogar die Liebe der Gesellschaft verdiene.

    I. Jub. 878: On doit en tous les lieus amer
           Le marchéans et honourer
           Qui veulent ouvrer loiaument.
Vgl.: II. Mont. 124; II. Muis. 59, 2.

Diese Forderung begründen die Dichter mit den Vorteilen. die dieser Stand der Allgemeinheit bringt. So wird denn als ein Verdienst der Kaufleute um das Gemeinwohl gerühmt, dass sie unter Gefahr ihres eigenen Besitzes und Lebens Güter in das Land führen.

    I. Jub. 289: Moult fait de bien quant il amaine
           L'avoir de la terre lointaine.
    II. Mont. 128: Moult ont paine pour gaaignier,
           Et si sont moult sovent pelez,
           Mès lor biens feisonent adès.
Vgl.: II. Mont. 124; II. Muis. 59, 2.

Als weiterer Grund führt der Dichter das „Dit des marcheanz" an, dass die christliche Kirche von Kaufleuten gegründet sei, und dass sie christliche Gesinnung noch jetzt immer bethätigten.

    II. Mont. 124: Sainte Yglise premièrement
           Fu par Marchéanz etablie.
    II. Muis. 59, 3: Carités et amours par les pays nouriscent.
           Pour chou doit-on moult goïr. s'il enrikiscent.

Besonders sind nach II. Mont. 124 die Ritter den Kaufleuten zu Dank verpflichtet, da sie von ihnen die guten Streitrosse zugeführt bekommen:

           Et sachiez que chevalerie
           Doivent Marchéanz tenir chiers
           Qu'ils amainent les bons destriers
           A Saigne, à Bar, à Provins.

Die wirtschaftliche Bedeutung des Handels erkennt der Abt G. Muisis an, indem er zeigt, dass ein Niedergang desselben das ganze Land in Mitleidenschaft zieht.

5

II. Muis. 58, 3: Par boins marchéans sont tous pays retenut.

ib. 5: Quand marchandise faut, tout li pays s'en
sentent.

Wie sehr aber auch die Dichtung den rechtschaffenen Kauf-
mann der allgemeinen Achtung empfiehlt, ebenso streng verurteilt sie den unredlichen, wie aus I. Inb. 286 hervorgeht:

Omicide sont, bien le croi,
Quant de pure clarté n'ont cure.

2. Ärzte und Apotheker.

Von den Ärzten und Apothekern ihrer Zeit haben die
Dichter keine besonders hohe Meinung. Sie erwähnen — namentlich beschäftigt sich Guiot de Provins mit ihnen — dass sie von
ihrer Kunst nichts verstehen und häufig Mixturen ohne jegliche
Heilkraft zusammenbrauen. Ob die Tränklein helfen oder nicht,
ist ihnen auch ganz gleichgiltig; die Hauptsache ist, dass sie gut
bezahlt werden.

I. Jub. 191: Sires phisiciens garissent les malades,
Aucuns, mais non pas tous; mais leur pommes
grenades
Et leur bouvrage trop rendent amers et fades
Dont or ont et argent et les viandes sades.
D'autres part revoit-on ces gens apoticaires:
Diverses médicines font et divers clistaires,
Mais se l'en muert ou vit, force n'i font-il
guaires,
Mais qu'il soient ainçois paier de leurs sa-
laires.

Vgl.: Bible Gu. 2619.

Guiot unterscheidet die wirklichen gelehrten Ärzte von dem
grossen Haufen der Charlatane, die sich diesen Namen zulegen.
Die Ersteren haben schon manchem Kranken Trost und Hülfe
gebracht, darum soll man sie hochachten.

Bible Gu. 2643—5: Li boen Fisicien loial,
Li prodomme, li bien letré
Ont maint verai conseil donné.

ib. 2650—1: Li bon conseil ont conforté
　　　　　　Maint prodomme desconforté.
ib. 2677—9: Li loial Clerc Fisicien
　　　　　　Doivent estre molt amoré,
　　　　　　Et molt servi et molt amé.

Von jenen Pfuschern aber will er nicht viel wissen. Sie verstehen von der Medizin soviel wie er selbst d. h. nichts, erklären jeden Menschen für krank, nur um ihn in ihre Behandlung zu bekommen; ihr Verfahren ist ohne Sinn und Verstand und bringt manch Einen eher als nötig unter die Erde. Ein Thor ist, wer sich ihnen anvertraut, glücklich zu preisen, wer mit heiler Haut aus ihren Händen davonkommt. — Gut Essen und Trinken ist nach ihm die beste Arzenei.

Bible Gu. 2545—6: Tiex mil se font Fisicien
　　　　　　　　Qui n'en sevent voir ne que gié.
ib. 2535—8: Il ne voudraient jà trover
　　　　　　Nul homme sans aucun mehaing.
　　　　　　Maint oignement font et maint baing
　　　　　　Ou il n'a ne sanz ne raison.
ib. 2550: Il ocient molt de la gent.
ib. 2591: Fox est qui en tel art se fie.
ib. 2539—40: Cil eschape d'ordre prison
　　　　　　　Qui de lor mains puet eschaper.
ib. 2639—40: As sainz mengiers m'estuet tenir
　　　　　　　Et as clers vins et as fors sauces.

Den Apothekern wird es zum Vorwurf gemacht, dass sie wertlose Dinge für kostbare Heilmittel verkaufen; dass sie bösartige Latwergen brauen, die arge Beschwerden verursachen, ja mitunter aus Versehen selbst schädliche Kräuter miteinkochen, womit dann die Leute schneller als billig zum Tode befördert werden.

Bible Gu. 2634—8: Il vendent noiz bon et syphoine
　　　　　　　　Por espices de Babyloine.
　　　　　　　　Que s'uns en passe le col,
　　　　　　　　Il aura si le ventre mol,
　　　　　　　　Que maintenant l'estuet honir.

I. Jub. 191: Cuillir les herbes font, espices font molues;
Mais por bonessovent baillentles corrompues;
Phisicienne gent en sont bien déceues,
Dont les vies en sont plus tost que droit tolues.

3. Justizpersonen.

Einen eigentlichen Richterstand gab es zur Zeit unserer Dichtung nicht. Die Pflege der Justiz, ein Teil des alten Herrenrechts, lag entweder als „haute justice seigneuriale" in der Hand des Königs, oder stand als „basse justice" jedem Lehnsherrn über seine Vasallen zu (vgl.: Camoin S. 9, I. Vaublanc S. 208—10). und war schliesslich auch ein Vorrecht der mit Selbständigkeit ausgestatteten Stadtgemeinden (vgl.: Camoin S. 11—13). Es trifft somit im weiteren Sinne das im nachstehenden Abschnitte Gesagte alle die erwähnten Stände, im engeren allerdings die Baillis und Prévots, königliche oder fürstliche Beamte, die ursprünglich auch noch mit militärischen, administrativen und exekutiven Befugnissen ausgestattet, doch im Laufe der Zeit besonders die richterliche Seite ihrer Funktionen ausgebildet hatten. (Vgl.: Rosières S. 172: I. Vaublanc S. 202; Camoin S. 10.)

Der Vorwurf der Ungerechtigkeit im Allgemeinen wird gegen die mit der Rechtspflege betrauten Personen erhohen bei II. Cond. 376, 153; Bible Gu. 2484; I. Jub. 193, 4; II. Muis. 18, 1; 20. 6—7; 22, 1: 155, 5.

Im Besonderen wird dies dahin erläutert, dass sie z. B. das Recht nach ihrem Belieben drehen und deuten. „Aus einem Rotfuchs verstehen sie einen Schimmel und aus einem Rappen einen Braunen zu machen." Sie stutzen sich die Gesetze nach Bedarf zurecht.

So heisst es I. Jub. 189, 8 vom Recht:
Mais l'en y boute et fiert et y point-on et
pique
Plus ne nominatif que l'en ne fait l'oblique.

I. Jub. 190, 2: De fauviaus feront gris, et des ferraus moriaus.

II. Muis. 155, 6: Pluseor bien contrefont souvent des lois
nouvelles,
Se font anchiènes lois reponre leur vielles.

Ein Hauptmittel bei Prozessen, Geld zu verdienen und zugleich dadurch eine der Parteien müde zu machen, ist die Verschleppung des Verfahrens und eine damit verknüpfte enorme Steigerung der Kosten, worüber wiederholt in den Gedichten geklagt wird.

I. Jub. 189, 5: Mais l'en voit de plusieurs que pour les dons tenir
Font causes esloignier et à tort défenir.

II. Muis. 130, 4: As parties souvent font maint eslongement.

I. Muis. 288. 5: Li drois a souvent des retardations.

Vgl.: I. Cond. 255, 301—11; II. Cond. 376, 150—5; II. Jub. 190. Hauptsächlich wird über die Bestechlichkeit der Richter geklagt. Der Arme kann ihre Gunst nicht erkaufen, ist also völlig rechtlos; der Reiche hingegen darf sich jeden Übergriff erlauben, da er bei Gericht sich stets mit Geld loszukaufen weiss. Selbst die Kerkerpforten vermag sein Gold zu öffnen und selbst vom Tode kann es ihn noch retten (vgl.: III. Dulaure S. 292). In Civilprozessen begünstigt man ihn auf jegliche Weise.

II. Muis. 20, 6: Or s'il troeuvent larrons en leur viviers
peskans,
Li rike se retakent, se pent-on les meschant.

I. Cond. 255, 306—10: Qui donner puet, s'est bien oïs,
Maintenant li est jours assis.
Mais li povres hom, li deschaus,
Qui n'est mie d'avoir garnies,
Est tantost ou registre mis.

Bible Gu. 246, 4—5: Molt vueilent bien savoir le nombre
Qu'en lor donra, soit torz, soit droiz.

Igl. 97, 92—3: Dans denier plege les larrons,
Dans denier oste les prissons.

Vgl.: I. Jub. 189—90, 377; I. Cond. 255, 301—5; II. Muis. 18, 1; 71, 3; 155, 5.

Die Procureurs, gerichtliche Vertreter von Stadtgemeinden und Verbänden vor dem Parlamentsgerichtshof (vgl. I. Rosières S. 320), sind auch Gegenstand der Kritik. Ihnen wird vorgeworfen, dass sie anstatt den Vorteil ihrer Klienten wahrzunehmen, sich vielmehr auf deren Kosten bei Prozessen bereichern.

II. Muis. 156, 1: Procureur en ches cours toutes gens par-
  honniscent;
  Au commencier les causes soutienement se
  tapiscent:
  Avant vont par journées et les causes
  blankiscent:
  Chil qui sont en lors mains, fort est quant
  il en iscent.

I. Jub. 190, 4: Puis sont procurateur; mais les gens il enortent,
  Or à pais, or à plait; or vont droit, or se
  tardent,
  Et pour plus traire argent souvent s'entre-
  déportent.

Auch bei dem niederen Gerichtspersonal zeigt sich Bestechlichkeit und Pflichtvergessenheit.

I. Jub. 190: Vallés, huissiers de cors, pluiseurs sont à
  la porte,
  Mais à tart ocvre l'uis s'on ne leur donne
  ou porte.
  Geoliers de prison si resont de leur sorte:
  Li plusieurs vont chlochant et vont la voie torte.

Das über die Richter Gesagte gilt zum grössten Teile auch
von den Advokaten. Je nach der Bezahlung führen sie die Sache
ihres Klienten; die Gebühren, die sie fordern, sind unmässig hoch.
Durch sie ist schon Mancher um Hab und Gut gebracht worden.
Ausserdem fällt an ihnen häufig auch Unwissenheit auf, so verstehen viele weder romanisch (französisch) noch lateinisch.

II. Muis. 155, 6—7: Avocat emparlier, qui maintiènent querielles,
  Selonc chou k'on leur paie, font-il les causes
  bielles.
  Povre gens sont hounit pour ches avocaties;
  Avocat tiènent gens en longe plaiderie,
  Entes vient-on au droit pour les grans
  trekeries.

I. Jub. 190, 3: Lor langue si chier veulent louer sans vendre
  Que à paine à leur gré leur puet-on loier rendre.

I. Jub. 284, 3: Lor langue est pleine de venin
Par aus sont perdu héritage,
Et deffait maint bon mariage.
ib. 285, 4: Ne sevent romans ne latins.

4. Beamte.

Die von der Dichtung erwähnten Baillis und Prévots waren, wie schon erwähnt, königliche bezw. fürstliche Beamte mit umfangreichen militairischen, administrativen, exekutiven und juridischen Funktionen, und zwar waren seit Philippe I. die Baillis über eine Anzahl von Prévots gesetzt. Die Sergants und Bedeaus waren ihre Unterbeamte. Vorzugsweise bestand die Amtsthätigkeit dieser „Magistrats royaux" neben der Rechtspflege in der Erhebung der Steuern und in diesem Punkte treffen sie denn auch am empfindlichsten die Vorwürfe der Dichtung (vgl. Rosières S. 150; Camoin S. 15.)

Abgesehen von der übertriebenen Härte, mit der sie die Steuern einziehen und die oft gar nicht in den Absichten des Monarchen lag (III. Dulaure, S. 58—9), tadeln die Dichter an ihnen Habgier und Neid, die sie zu unerhörten Vergewaltigungen der schutzlosen Bürger verleiten. Auch die Geschichte verbürgt uns die Anmassung und Übergriffe dieser Beamten, die allein schon aus den Verordnungen ersichtlich sind, welche Louis Saint gegen dieselben erlassen hat (vgl. I. Vaublanc S. 203—6; II. Bousq. S. 454). Zum Vergleiche sei auch noch auf die klassische Schilderung dieser Volksbedrücker im Rosenroman vv. 5797—5811 durch Jean de Meung hingewiesen.

I. Jub. 344: Cil anemi sont bédiaus,
Et prévos, serjans et baillis,
Chascuns i grape et arapine
Et si a gent d'autre couvine
Qui les ont navrez laidement.
III. Cond. 324, 93—5: Mais si serjant malicieus
Sont et jor et nuit envieus
De devourer le menu peule.

I. Rtbf. 223: Ils plument toz les costez
A cels qui sont en lor justice.

Vgl.: Watr. 226, 893—5; 275, 66—71; I. Rtbf. 222;
II. Muis. 21, 6.

Der grösste Teil der für ihre Herren bestimmten Abgaben
bleibt in ihrer Tasche hängen.

II. Muis. 21, 6: Les signeur apovrisent et il ont chavischanche
Siergens et pers à conte, che dist on, s'a
poissanche.

Statt, wie es ihre Pflicht ist (vgl. I. Pigeonneau S. 186—7),
die Sicherheit der Wege aufrecht zu erhalten, üben sie lieber
selbst Strassenraub.

I. Jub. 190: Sergent de chastel et des cors ja nommés.
Ils viennent et revout par pays, par contrées;
Mais il ne sont pas tout de bone renommée,
Car maint en sont houlier, vivans de rencontrées.

I. Rtbf. 223: N'i gardent voie ne sentier
Par ou onques passast droiture.
De cèle voie n'ont il cure;
Ainz penssent à porchacier
L'esploit au signor et traitier
Le lor porfit de l'autre part.

Auf Kosten der Bürger führen sie mit ihren Familien ein
Leben wie grosse Herren.

II. Muis. 22, 4; Familles, compagnies voellent grandes tenir.
A paines poent gens leur grandeur soustenir.

5. Sänger.

Allgemein klagen die Dichter, dass es um den Beruf des
Sängers schlecht stehe; es ist hierbei nicht zu vergessen, dass
unsere Dichter zum grössten Teile selbst zur Gattung der Trouvères
gehören. Es fehle sowohl die rechte Anerkennung, wie die angemessene Belohnung ihrer Leistungen; die Leute seien verständ-
nisslos für ihre Kunst und hartherzig geworden, sie kargen mit
dem Lohne, auf den der Sänger angewiesen sei. Namentlich der

letztere Punkt ist bei der naiven Offenherzigkeit der Dichter natürlicherweise ein Hauptgegenstand ihrer Klagen.

I. Cond. 31, 26—7: Largesce n'a mais où manoir
Ne biel dit n'ont plus lor saison.

I. Rtbf. 225: Ménesterez sont esperdu
Chascuns a son donet perdu.

ib. 341: N'est bien veigniés ne respandus.
Car on troeuve les gens trop dure,
Peu courtois et de leur tenans.

Oft muss der Sänger lange bitten, ehe man ihm giebt. Häufig lohnt man seine Kunst nur durch wertlose Gaben, wie getragene Kleider, oder man lässt sich ihn erst durch entwürdigende Arbeit im Hause oder auf dem Hofe nützlich machen.

I. Rtbf. 342:Ançois que li dons soit donnés
S'en fera on prier .c. fois.

III. Cond. 257, 231—2: Menestrez, qui poure sont,
Qui de seigneurs les vieu dras ont.

I. Jub. 381: S'un bourgois ou .i. chevalier
Donne sa robe a .i. barbier
Ou à .i. autre menestrel,
Il convient qu'il serve à l'ostel
Et y fera mainte corvée.

Die Sänger (Ménétrels) werden von der Dichtung selbst als Trouvères und Jongleurs unterschieden. Die Trouvères, zumeist nur Dichter, hielten sich als Begleiter, die ihre Weisen in Musik setzen und vortragen sollten, die Jongleurs (vgl. Hist. litt. XXIII, S. 88 und ff.), traten aber auch häufig das Ausbeutungsrecht ihrer Dichtungen durch Verkauf an dieselben ab (vgl. I. Rosières S. 485). Bald aber schwangen sich die letzteren zum selbstständigen Betriebe des Gewerbes auf, indem sie auch selbst dichteten. Naturgemäss herrschte infolgedessen zwischen den Trouvères, den Sängern der alten Schule, und den neuen Konkurrenten ein gewaltiger Hass, der hauptsächlich vom Brotneide diktiert war und der sich auch in den vorliegenden Gedichten verschiedentlich Luft macht.

In seinem „Dit du fol ménétrel" kennzeichnet Watriquet eingehend das Wesen der Jongleurs. Sie suchen beim Publikum durch Verleumdung die guten Ménétrels in Misskredit zu bringen. Unter einander zeigen sie eine hässliche Missgunst. Sie gönnen sich gegenseitig ihre Erfolge nicht, und diese Rivalität artet oft in Thätlichkeiten aus.

Watr. 370, 102—3: De riens ne servent, ainz abaient
Sur ceuls qui font le biau mestier.

ib. 109—111: Ne d'autre riens ne serviront
Que touz jours de ceuls mal diront
Qui voudront en grace monter.

Watr. 369, 64—5; 94—7: D'envie en flambe moult et d'ire
Quant on aime autre plus que lui. —
Jà ne verront ensemble euls .ij.
Qu'entr'aus ne se veulent férir
Et les paroles enquerir
En euls contrefaisant le sage.

Vgl.: ↑. Jub. 192.

Die Jongleurs verderben in sittlicher Hinsicht durch die schlechten Gewohnheiten, die sie selbst haben, auch die Höfe, an denen sie verkehren.

Watr. 368, 22—5: Honeur et joie faut et font
En hautes cours où il conversent;
Les bons trébuschent et reversent
Et les maus font desus venir.

Auch Jean de Condé charakterisiert sie als leichtfertig und verleumderisch und vergleicht sie wegen ihrer Lästerzunge, die heimtückisch verwundet, einem giftigen Insekte.

I. Cond. 257, 870—2: Plusieur menestrel sont volage,
S'en y a de divers courage
Cius es bourdere et cius honteus.

ib. 20, 77—81: Mais il est tant de menestreus,
Les uns cortois, les autres teus,
Qui ne servent d'autre maistire
Que de mesparler et de dire
Ramposnes et grant felenies.

ib. 88—9: Ce ne sont mie menesterel,
Ains sont tahon qui les gens mordent.

Manche von dieser Sängerzunft verschmähen auch nicht, den
alten Bettlerkniff anzuwenden, sich recht ärmlich und elend zu
zeigen, um dadurch das Mitleid der Leute und höhere Einnahmen
zu erzielen.

II. Jub. 100: Tel gent vont leur mehaing monstrant
Pour plus avoir monnoie;
Il n'est jongleur, tant soit sachant,
S'en habit ne se va tenant
O s'on ne le chace en voie.

Man sollte solche Leute darum an den Höfen gar nicht
dulden, meint Watr. 367, 4—5, 16—17:

Que entrer ne doit en haute court
Menestrel qui soit mesdisanz. —
Tous princes et touz haus barons
Doivent tiex bourdes eslongier.

Ferner verwahren sich die Ménétrels der besseren Art gegen
die Angriffe der Geistlichen, welche aus begreiflichem Neide über
die verschwenderische Grossmut zetern, mit der die Leute die
Sänger bedenken, und es als eine Sünde hinstellen, sein Geld für
solche Zwecke hinzugeben. Diese Neider übertreiben ins Unge-
heuerliche die geringen Gaben, welche die Ménétrels empfangen.
Die Vorwürfe der Geistlichen treffen allenfalls mit Recht jene geringe Art fahrender Gaukler, mit denen der Ménétrel nichts gemein
haben will.

III. Cond. 249, 3—5: Quant sur les menestrez sermonnent
Et dient que cil qui leur donent
Font au deable sacrefice.

ib. 258, 273—7: Le bon trop comperent
Et d'une viex robe se perent,
Qui poi vaudroit a .i. seignour,
Dout il li font .ij. tans d'ounour
Que le robe ne valut onques.

ib. 282—7: Les sermons que vous retraitiez
Fu dite pour les enchanteurs
Et pour les faus entregateurs
Et les joueurs d'arbalestriaus:
Ne devez pas meller entr'iaus
Ceus qui se mellent d'ynstrument.

Eine besondere Art von solch fahrenden Leuten niedrigsten
Standes, welche infolge ihres Glücks beim Publikum den Ménétrels
viel Schaden und Ärger bereiteten, behandelt z. B. das „Dit des
tambours," Jgl. S. 164. Der Dichter beklagt sich bitter über diese
Trommelschläger, welche mit ihrer groben Kunst dem guten
Sänger Abbruch thun, und sich, obwohl sie ausser ihrem künst-
lerischen Berufe meist noch irgend ein Handwerk betreiben, auch
Ménétrels nennen und so den Stand der Sänger in der öffentlichen
Achtung herabsetzen. Der Verfasser des Gedichts redet sich
schliesslich in grosse Wut über die „Tambours", meint, solchen
Höllenlärm habe die Jungfrau Maria auf Erden unmöglich geliebt
und bei ihrer Hochzeitsfeier sei sicher keine Trommel gehört
worden; es möge daher dem Erfinder der Trommel allerlei Böses
widerfahren und man sollte jedem Trommler den Schädel ein-
schlagen!

Jgl. 165, 7: Malement sont tabour par païs assamblé,
Et bon menestrel sont par aus refusés.

ib. 18: Li uns bat en aoust, l'autres fet les mesons,
Trestoz les labourages qu'autres paisanz font,
Sevent cil tabouriaus, dont tout le cuer
me font,
One trestuit apeler menestrel se font.

ib. 19: Onques la mère Dieu, qui est virge honorée,
Et est avoec les angles hautement córonée,
N'ama onques tabour, ne point ne li agrée,
N'onques tabour n'i ot, quant el fut espousée.

ib. 16: L'en devroit d'un baston chescun brisier
la teste.

ib. 23: Qui primes fist tabor, Dieu li envit contraire.

6. Handwerker.

Eine besondere, ins Auge fallende Art der in Rede stehenden Dichtungsgattung bilden die Loblieder auf einzelne Stände, namentlich auf einzelne Gewerke. Von einer eigentlichen Kritik kann bei ihnen nicht gesprochen werden, da die Verfasser keineswegs die Absicht haben, die Zustände der betreffenden Stände gewissenhaft zu prüfen, vielmehr dem ausgesprochenen Zwecke dienen, die letzteren tüchtig herauszustreichen, um nach Schluss des Vortrags die Angehörigen des gepriesenen Handwerks zu grösserer Opferfreudigkeit zu bestimmen.

Diese Lieder sagen fast von allen Gewerken dasselbe. So heisst es z. B. in dem Liede von den Bäckern, Jgl. S. 138, dass ihr Gewerbe das beliebteste und feinste ist: sie erhalten die armen Leute, sind freigebig und werden darum sicher ins Paradies kommen. Zum Schluss kommt die Bitte, den Sängersmann für dieses schöne Lied freigebig in Geld oder Naturalien zu belohnen. Man sieht, wir haben hier ein echtes Erzeugnis der Poesie jener im vorigen Abschnitt geschilderten Jongleurs vor uns.

Jgl. 138, 10—12: Que lor mestier est le plus chier,
Et le plus bel et le plus gent,
Et qui plus soustient povre gent.

ib. 53—4: Et au convers et à la none
Li boulengiers à toz en done.

ib. 95—7: Je vous di bien sans mésprison
Que boulengiers soustient le mont:
Il est en Paradis sauvez.

ib. 103—7: Et por ce vueil ici proier
A toz cels qui sont boulengier,
Quant il orront le fabliau dire,
Que il doignent sans escondire
Pain ou argent ou autre chose.

Genau in derselben Tonart ist, als ferneres Beispiel, das Lied auf die Schmiede gehalten (Jgl. S. 128). Die Schmiede, heisst es daselbst, sind rechtschaffene Leute, die sich redlich von ihrer

Hände Arbeit und nicht von wucherischem Erwerbe nähren; ihr Beruf übertrifft alle andern, ja sie sind höher als die Geistlichen zu achten; sie erhalten alle andern Stände, wie den Ritterstand, den Kaufmannsstand u. s. w., weil sie alles Eisengerät fertigen, was diese brauchen. Sie sind freigebig mit ihrem Verdienste und schliesslich kommt dann wieder die übliche Bitte um milde Gaben.

Jgl. 129, 30: N'est pas d'usure lor avoirs.

   ib. 32—3: De lor labor, de lor travail
            Vivent li fevre liaument.

   ib. 55: Que fevres toz mestiers sormonte.

   ib. 172—4: Moi samble bien et tout par droit,
            Doivent mieux fevre estre honoré
            Que tels est clerc tout coroné.

   ib. 121—2: Moult doivent bien fevre estre amé,
            Par aus sont chevaliers armé.

   ib. 136—9: Jà nule nef n'alast en mer,
            Ne marcheanz dedenz n'entrast,
            Se li fevres ne lor forgast
            Les clous de quoi cles soint jointes.

   ib. 44—5: Ce qu'il ont gaaignié le jor
            Despendent largement et bien.

   ib. 262—7: Et por ce vucil ici proier
            A trestoz les fevres qui i sont,
            Quant de cest conte orront le fin,
            Qu'il doignent ou argent ou vin
            Tout maintenant et sanz respit.

7. Dienstboten.

Hauptsächlich befasst sich die Dichtung mit dem Gesinde auf dem Lande, wo sich seit Aufhebung der Leibeigenschaft im Laufe des 13. Jahrhunderts ein dienender Stand herangebildet hatte (vgl. I. Pigeonneau S. 171—2).

Das Gesinde, das schwer zu erhalten ist, giebt dem Herrn mancherlei Anlass zur Unzufriedenheit. Es ist faul und unbotmässig, scheut Hitze wie Kälte, läuft lieber zu Festen anstatt sich um das Vieh zu kümmern, macht grosse Lohnansprüche und lässt den Herrn, wenn er es zurechtweist, schliesslich mitten in der Arbeit im Stich, so dass die Landwirtschaft durch solche Missstände Schaden nimmt.

II. Muis. 155, 1: Aujourdui gent wagnant voellent petit ouvrer;
A peine poet on mais maiskines recouvrer.

I. Jub. 193, 1: Il font bien suevent de malvaises jornées,
Et tart viennent à oevre et tost truevent
vesprées.

ib. 82, 6: A longement dormir les poet on esprouver.
Or voellent tout avoir et toutes grant loyer.
Pour kause k'on leur dit, de riens ne vont
soignant.

II. Muis. 84, 8: Par froit font pau d'ouvrage, par caut vont
cuffarder.

II. Muis. 83, 2: Par fiestes, par dimenches doivent aisier
leurs biestes;
Or les laissent, se vont esbanyer as fiestes.

ib. 83, 1: Congiés prendent ansçois que viegnent leur
tiermines.
S'on leur blasme, tantost en mainent grans
tempiestes.

ib. 82, 4: Par prêcheus cultivateurs vont à pierdition.
Mès che font les mesnies selonc m'entention.

Vgl.: I. Rtbf. 224; I. Jub. 378; III. Cond. 226; II. Muis. 83, 3.

An andrer Stelle wird dem Gesinde Mangel an Frömmigkeit zum Vorwurf gemacht. Wenn die Knechte von der Arbeit kommen, schrecken sie wohl auch nicht davor zurück, Leute zu überfallen und zu berauben.

I. Jub. 378: Et se héent, c'est sanz donter,
Ce qu'il déussent plus amer,
C'est sainte églyse, clerc et prestre.

III. Cond. 226, 92—3: Où il viennent de leur labours,
Si se meslent de gent sousprendre.

Sie betrügen auch ihre Herrschaft, wie z. B. erwähnt wird
I. Jub. 192:

> Li vallet qui le vin traient, vont et reviennent,
> Et de mal faire entr' eulz souvent s'entre
> convienent:
> Du vin pour autre traient ou du pris il
> retiennent,
> Et mes traient, dont puis maintes noises
> esmuevent.

Vgl.: III. Cond. 226; Bible Ber. 219—224; I. Rtbf. 224;
I. Jub. 192, 379.

Ihre Arbeitscheu lässt sie schliesslich betteln gehen.

> I. Jub. 193: Et pour ce vont querrant partout leur
> soustenance.

Der Hang der Zeit zum Luxus zeigt sich selbst in diesen
untersten Schichten der Gesellschaft. Während sich früher die
Dienstboten aus den abgelegten Gewändern der Herrschaft eine
angemessene Kleidung verfertigten, will jetzt Jeder nur neue Sachen
tragen und ein Schäfer will wie ein Ritter gekleidet gehen. So
klagt Abt Gilles li Muisis II. S. 154:

> Plusieurs portoient bien jà dis vièses viestures,
> Et en faisoient bien varlet siervant parures.
> Nuls ne vaut riens, qui n'est de nouviaus
> dras viestis,
> Et li moyen gent et li peuples maistis.
> On voit ches davaldiaus, bierquiers et kiéruyers,
> Jestre voellent viestis ensi k'uns esquyers.

II.

A. Der Adelsstand.

1) Die Fürsten.

Verschiedentlich findet sich in der Dichtung der Gedanke, dass der Herrscher das Gemeinwohl über seine Privatinteressen stellen müsse. Die Fürsten seien ursprünglich vom Volke eingesetzt, um es zu seinem Wohle zu regieren, und sie seien Gott verantwortlich für ihre Thaten.

Desch. 23: Le bien commun doit sur tout préférer
Son peuple avoir en grand dilection.

Man. 161—2, 167—8: Reis n'est pas son, ainz est a toz;
S'il por sei vit, si ne est proz. —
Oblier deit le son bon
Por le commun, s'il est prodom.

I. Jub. 186, 3: Do pueple furent fait li roy premièrement
Por eulz governer et mener bonement.

I. Cond. 104, 162—5: Car quant de ce siecle despartent,
Se n'i a il roi, duc ne conte
Ne grant dame ne rende conte
Des biens c'ont en lor mains tenus.

Die Verpflichtung des Fürsten, sein Volk milde und gut zu regieren, begründet Abt G. Muisis aus dem Umstande, dass das Volk seinerseits den Fürsten erhält.

I. Muis. 293, 6: Du labeur des gens sont signeur soustenut;
Iestre doivent bien dont en leur drois maintenut
Et en leur boins usages tout partout bien tenut.

Vgl.: II. Cond. 155, 125—7; Desch. 39.

Die Pflichten des Herrschers werden nun im Einzelnen wie folgt auseinandergesetzt. Er soll milde r egieren, ein Vater seines

Volkes sein, stets ein mitleidiges Herz für dasselbe haben; er soll
es nicht tyrannisieren oder mit harten Steuern bedrücken. Als
Vorbild werden die Fürsten der guten alten Zeit hingestellt.

I. Muis. 295, 1: De la pierte dou peule toudis li prent pités.

I. Jub. 343: Roys, soyez donque ententilz
        Au peuple Dieu les souverain père.

II. Cond. 155, 119—20: Si ne dois pas iestre tirans.
        Ne d'iaus destruire desirans.

II. Muis. 126, 5: Ne demande hansages, talles, exactions.

II. Muis. 16, 4: Li roy, li duc, li prinche, toute chevalerie
        Discrètement jadis tenoient signourie;
        Leur subgit les amoient et se n'avoient mie
        Sous leur estas, souz yaus, de nul riens envie.

II. Muis. 275, 2: Li signeur les subgis de riens ne molestoyent.

Der Fürst, als der von Gott eingesetzte Schirmherr der Schutzlosen, soll ein Vater der Waisen sein und namentlich das geringe
Volk gegen die Übergriffe der Mächtigen schützen.

Watr. 146, 247—8: Pour ce t'a mis Dieu hautement,
        Que garder dois sa basse gent.

ib. 150, 376—7: Soies des tors fais amenderes,
        Aus orphenius parrains et peres.

ib. 152, 451: Le petit dois du grant desfendre.

III. Cond. 324, 86—8: Devroit avoir grant soigne
        De ses povres gens regarder
        Et les devroit de tort garder.

Vgl.: Watr. 152, 448—9; 199, 64—9; I. Jub. 344; 345;
I. Muis. 127, 2; 129, 1; I. Cond. 23, 173—4; 24, 184—5; 191—2.

Als eine der vornehmsten Herrschertugenden wird die Frömmigkeit hingestellt. Der Fürst soll ein Hort der Christenheit sein;
er soll Gott lieben und seine Gebote halten; er soll die Kirche
schützen und ihre Macht fördern. Wenn auch ihre Diener zu-
weilen Anstoss durch ihren Lebenswandel erregen, so muss man
sie doch um Gotteswillen ehren. Zum Vorbild sollen die Fürsten
der guten alten Zeit, die für die Kirche ins Feld zogen, besonders
Karl der Grosse und Ludwig der Heilige dienen.

Watr. 151, 406—7: Et si doit revertir au loire
De sainte eglyse et de Dieu croire
Et faire ses commandement.

III. Cond. 103, 1—2: Moult devroit haus hom Dieu amer,
Lui croire et souvent reclamer.

II. Cond. 154, 98—100: Et soit ensi dou proisme amans.
Li proisme sont tout chrestyen
Par Cris, le roi celestyen.

Desch. 39: Doivent l'Eglise deffendre.

II. Jub. 160: Ne doit por son déduit sainte Yglise oublier
Ainz le doit essaucier et croistre et amonter.

Man. 177—80: Et si clers funt d'els desennor
Ne malvestié grant ne menor,
Si lor deit l'en porter ennor
Non par els, mes por lor saignor.

I. Muis. 298, 3: Pour le foit soustenir li prince transfétoient,
Encontre mescréans souvent se combatoient.

III. Cond. 294, 175—7: (Charlemain) as paiens ore as Sarrasins
En ses marches nul n'en lessa,
Leur loy durement abessa
Et acrut la loy crestienne.

ib. 295, 181: Et ama Dieu et sainte Eglyse.

I. Muis. 288, 6: Sains Loys, li boins roys, ainsi ne faisoit mie,
Sour mescréans mena moult belle compaignie.

Vgl.: I. Cond. 22, 139; 143—4; II. Cond. 154, 95—97; 375, 119; III. Cond. 103, 1—2; 252, 102—3; I. Jub. 343; II. Jub. 160; 157; I. Muis. 127, 2; 292, 4; Man. 169—72.

Eine Hauptzier des Fürsten ist ferner Gerechtigkeit. Für Gross und Klein muss er in gleicher Weise Gehör haben. Sein Urteil muss unbestechlich sein. Ebenso hat er aber darauf zu achten, dass seine Beamten das Volk nicht bedrücken und, soweit sie die Justizpflege in der Hand haben, ohne Ansehen der Person, ohne Rücksicht auf Freund oder Feind, Reich oder Arm urteilen. Gilles li Muisis verweist auch hier wieder auf die Fürsten von ehemals, die mit äusserster Strenge die Gerechtigkeit in ihren

6*

Ländern aufrecht erhielten, und Watriquet rühmt von seinem
Herrscherideal, Alexander dem Grossen, auch „Justice" S. 278, 135.

Watr. 276, 88—9: Gentils rois et si esveilliez
     Loiauté, Droiture et Raison.

I. Cond. 27, 265—6: Après il doit tenir justiche
     Et pour le povre et sour le riehe,

II. Cond. 375, 120—3: Et s'a toi se viennent clamer
     Clere, cevalier et autre gent,
     Pour nulle proumesse d'argent   `
     Ne tu dois le droit astenir.

II. Jub. 157, 5: Ne lest pas ses baillis régner vilainement.

I. Muis. 292, 7: Face que toutes soient à leurs raisons oïes
     Et que soient ostées trèstoutes trequeries.

II. Jub. 157: Et si tiegne justice si droiturièrement
     Que amors ne haïne n'i ait avancement,
     Ne fausse covoitise n'i puet vaincre noient,
     Ne por mauvès loier n'i ait faus jugement,
     Si qu'il n'i regart ne ami ne parent.

II. Muis. 71, 3: Fier estoient signeur comme lion et ourses
          pour justiehe warder.

Vgl.: Watr. 201, 60—1; 113; Desch. 23; I. Muis. 192, 3;
293, 4; 126, 3; I. Cond. 248, 77—8; II. Cond. 155, 115; 375,
124—6; 145—8.

Im Allgemeinen wird den Fürsten Strenge gegen Missethäter
angeraten; denn nur durch unnachsichtige Verfolgung der Schul-
digen können sie ihre Justiz gefürchtet und ihre Gesetze geachtet
machen.

III. Cond. 152, 48—9: Car tu dois si bien justicier
     Que des mauvais soies cremus.

ib. 64—6: Ciax qui sont de mauvais afaire
     Dois tu tant cacier et tant sivre
     K'en la fin les puisses consivre.

II. Cond. 375, 116—8: Ja dois tu maintenir droiture
     Et tous malfaiteurs justicier
     Et lor pooir apeticier.

Vgl.: Desch. 23; Watr. 276, 88—9; II. Jub. 157; I. Muis.
288, 3: 292, 6; I. Cond. 23, 159—65; 248, 85—6; II. Cond. 22,
151—4; 27, 265—9; 154, 110—113; 155, 115; 375, 124—6.

Wird die Gnade des Fürsten angerufen, so soll er Nachsicht
walten lassen, wo sie am Platze ist, z. B. wenn Jemand aus Miss-
verständnis gefehlt hat. Wird er jedoch zu Unrecht angegangen,
so soll er unerbittlich bleiben, namentlich nicht Strafen aufheben,
die über wirklich Schlechte verhängt sind.

II. Jub. 158: Bien retiegne son droit s'on a tort li cort seure;
Et si soit si cortois s'il en vient au deseure,
S'on li crie merci, qu'il par doinst en pou
d'eure.

ib. 157: Et s'aucuns homs mesprent par fol enten-
dement,
Merci en doit avoir sanz toz drois bonement.

II. Cond. 375, 145—6: Nus mauvais, puis qu'il soit jugiés,
Ne doit par toi iestre alegiés.

Seinen Unterthanen, besonders den Städtern, soll der Fürst
weder Freiheiten noch Rechte verkümmern; doch soll er umgekehrt keine Übergriffe von diesen dulden, z. B. zusehen, dass die
Stadtschöffen ihre Gerichtsbarkeit nicht auf Kosten des Herrn aus-
dehmen.

II. Muis. 127, 2: Aymes tous les subgiez, petits et moyens,
Soutieng en leur frankise trèstout tes chitoyens.

ib. 130, 4: Chil eskievin de ville se portent grossement;
Signeur porter les doivent le leur boin jugement.

Vgl.: I. Muis. 294, 2; 298, 3.

Der Fürst soll seine Macht darauf verwenden, Ruhe und
Frieden, Zucht und Sitte im Lande aufrecht zu erhalten. Als
Muster sollen nach Muisis die Herrscher der guten, alten Zeit
gelten, unter denen Alles in schönster Eintracht lebte und wo man
keine Fehden noch Kriege kannte.

Watr. 152, 453: Dois apaisier les bestens.

I. Muis. 295, 1: Es les boins usages tient ses gens et ses cytés.

II. Muis. 71, 3: Il soloient tenir lor gens en unitet,
En leur drois, en amour et en transquilitet.

II. Muis. 275, 2: Tout débat, toutes wières en tous pays
ciessoient;
En grant transquilitet les gens adont vivoient.

I. Muis. 288, 3: Princes poissent, tout noble maintenir,
Leurs subgis tout en pais.

Die Fürsten sollen den Handel in ihren Ländern unterstützen und ebenso die Künste schützen und fördern. Auch in dieser Beziehung rühmt Muisis wieder die früheren Zeiten, wo die grossen Herren die Kaufleute nicht belästigten, pünktlich ihre Schulden bezahlten und die Verkehrswege stets sicher hielten.

I. Muis. 293, 3: Prince doit soustenir marchans et marchandises.

Desch. 39: Les ars mondains retenir et aprendre.

II. Muis. 18, 5: Marcheant et bourgeois et gens de poestet
Adont petit estoient des si grans molestet;
On leur rendoit moult tost s'il avoient prestet.

ib. 71,5: Li signeur les kemins moult bien warder
faisoient.

Die Herrscher sollen sich allein auf den Adel verlassen, denn dieser ist ihre natürliche Stütze. In Stunden der Gefahr nützen dem Fürsten seine Ritter und Mannen mehr, als alle seine Schätze, darum soll er die Ritterschaft unterstützen und seinen Leuten in Liebe und Treue zugethan sein.

I. Muis. 296, 5: Fianche doit avoir roys en chevalerie.
Fols est roys qui d'autrui que de princes
se fie.

I. Cond. 24, 189—195: N'est si biaus tresors ne si gens
A segnor con de bonnes gens.
Ne nus si fors murs à brisier.
Moult doit on le signier prisier
Qui ses hommes garde et honneure;
Plus li puet valoir en une heure
Que tout li avoirs de cest mont.

Desch. 39: Les barrons doit et prodommes chiérir.

I. Cond. 24, 185—6: Doit-il mout ses homes amer
 Sans felonie et sans amer.

Auch Watriquet rühmt die Treue gegen die Mannen als schönste Herrschertugend.

Watr. 132, 37—8; 49—50: Princes qui loiauté maintient
 Tous jours en honneur se maintient.
 De toutes vertus la greigneur
 Est loiautez en grant seigneur.

Seine Leute soll der Fürst freigebig mit Ehren, Besitz und Gold lohnen, denn sie mühen sich für seinen Nutzen ab und nur so auch kann er sich ihre Herzen gewinnen. Als Vorbild stellt die Dichtung Artus, Julius Caesar und namentlich Alexander auf, der — nach Jean de Condé — mit seinen Schätzen in erster Linie die Welt eroberte und so hoch schlägt sie die Tugend der Freigebigkeit an, dass man um ihretwillen einem Fürsten gern seine sämmtlichen Fehler nachsieht. Entsprechend dieser Anschauung kennen die Dichter denn auch keinen hässlicheren Flecken auf dem Schilde fürstlicher Ehre, als schmutzigen Geiz.

I. Muis. 296, 1: Roys qui voelt guerroyer partout, doit peyer
 vollentiers;
 Autrement ne poet-il les coers avoir entiers.

III. Cond. 290, 42—4: Quar nus preudons
 Ne doit contre la bonne gent
 Retenir ne or ne argent.

ib. 48—50: Quar chascuns se paine et travaille,
 Qui ses dons a eüs et pris,
 D'essaucier s'onneur et son pris.

III. Cond. 293, 31—2: (Artus) tant estoit larges et hounestes
 Que tous jours tenoit cours et festes.

ib. 86—7, 119—122: Julius Cesar, qui de Romme
 Fu li premerains empereres. —
 S'il ne fust larges et metans,
 Donnans grans dons et prometans,
 Comment fust il à ce venus
 Et emperere devenus?

ib. 291, 53—6: Alixandres, qui tant conquist,
L'amour de ses houmes aquist,
Par les grans dons qu'il leur donna.
Pour ce conquist tous les pais.

  ib. 79—80: Mès largesce dont il usa
De tous ses visces l'excusa.

Desch. 35: Par convoitise se fait partout haïr.

Watr. 127, 65: Qui largesce haï, onques honneur n'ama.

Vgl.: I. Muis. 296, 2; Watr. 148, 317—8; 202, 95—6;
83—5; I. Muis. 295, 7; Watr. 127, 66—9; I. Jub. 187; II. Cond.
256, 44—7; 373, 74—5.

Eine bezeichnende Mahnung lässt Gilles li Muisis den
Fürsten zuteilwerden, indem er ihnen aufgiebt, sie möchten gutes
Geld prägen.

I. Muis. 293, 3: Monnoyes loyaus faire qui partout soient
prises.

II. Muis. 126, 5: Fais boine monnoie courir par régions.

Der König soll den Grossen seines Reichs ihren Besitz nicht
zu schmälern trachten.

II. Muis. 126, 5: Lay les princes goïr de lor possessions.

Er soll sich der Fürsten als seiner natürlichen Ratgeber bedienen und diese sollen ihm ihre ehrliche Meinung nicht vorent-
halten.

II. Muis. 128, 2: Dou conseil de ses prinches doit sages roys
user;
Prinches loyaus consans ne doivent refuser.

Die Fürsten sollen sich nicht schämen, dem Könige unter-
than zu sein, sie sollen ihm vielmehr willig folgen; denn jeder
hat innerhalb der gesellschaftlichen Rangordnung nach oben zu
gehorchen, nach unten zu befehlen.

II. Muis. 128, 1: Boins roys ensivir doivent prinche, duc et
li conte;
 D'iestre subgis as roys ne doit nuls avoir
honte.

Desch. 39: Puisque les rois sont faiz pour gouverner,
Et les princes pour leur rois obéir.
Aussi sont fait les ducs pour gens mener,
Et aus contes commettre leur plaisir,
Les chevaliers à touz ces trois servir.

Fürsten und König sollen in Liebe und Treue zu einander-
stehen und, wenn das Land angegriffen wird, sich einmütig gegen
den Feind wenden.

I. Muis. 295, 6: S'il aiment lor signeur et leurs sires les aime,
Cescuns à sen pooir deffenge son demaine,
Contre ses anemis ses gens loyalment maine.
ib. 4: S'aucun sur leur pays volloient entreprendre,
Ensanle par acort se doivent tous deffendre,

Wenn die Fürsten unter sich, wie es im Cour de Parlement
geschah, zu Gericht sitzen, soll keine persönliche Feindschaft ihr
Urteil beeinflussen.

II. Muis. 128, 5: Quant prinche sont ensanle pour feire
jugement,
Avoir ou cuer ne doivent faire nul
vengement.
Iugement fait doit iestre tous temps dument.

Im Allgemeinen sollen die Fürsten danach trachten, in Frieden
mit Allen zu leben, namentlich gegen gute Nachbarn sollen sie
nichts Böses im Schilde führen; doch unnachsichtlich sollen sie
gegen anmassende Feinde vorgehen, die ihren Besitz bedrohen,
und sie so nachdrücklich züchtigen, dass ihnen die Lust zu ferneren
Übergriffen benommen wird.

I. Muis. 294, 3: Prinche doit labourer de pais à tous avoir.
II. Jub. 158: Et vers ses bons voisins débonères et frans
Et vers les outragens ne soit pas si soufrans.
I. Cond. 23, 155—60: Après doit li haus hom entendre
A garder sa tiere et deffendre.
Car s'on l'assaut, si se deffenge,
Et s'on li meffait, si l'amenge.
Et si crueusement l'adrece
Que nus contre lui ne se drece.

Vgl.: I. Muis. 293, 1; II. Cond. 23, 167—70; 28, 289;
III. Cond. 104, 34—7; 109.

Im Kriegsfalle soll der Fürst persönlich tapfer und als Führer
unablässig bemüht sein, den Feind niederzuwerfen.

Desch. 39: Estre vaillans, sa guerre poursuir
Y diligement entendre.

Watr. 152, 433—6: Princes qui veult avoir vaillance
Doit touz jours le fer par semblance
Après ses anemis lencier
Et d'euls vaincre avoir la beance.

Deschamps, der alte Soldat, der den Degen ebenso gut wie
die Feder zu führen wusste, giebt denn den Fürsten auch verschiedene strategische und taktische Winke S. 67—68, die jedoch
zu sehr ins Einzelne gehen, als dass sie hier angeführt werden
könnten.

Zahlreich sind die Vorschriften, die dem Herrscher bezüglich
seines persönlichen Verhaltens gemacht werden. Er soll stets mit
fürstlichem Pompe auftreten, prunkvoll Hof halten, eine offene
und reiche Tafel haben, bei der auch des Sängers edle Kunst
gepflegt werden soll; er soll seinen Leuten Lustbarkeiten ver-
anstalten und sich frohgelaunt dabei unter den Gästen bewegen:
in prächtiger Kleidung, mit stolzer Miene soll er sich stets in der
Öffentlichkeit zeigen, um sich ansehnlich und gefürchtet zu machen.
Dies Alles wird ihm aus Politik anempfohlen; denn wenn ein
Fürst nicht Macht und Reichtum täglich in seinem Auftreten zeigt,
hält man ihn für schwach und unvermögend und bald fallen seine
Feinde über ihn her.

III. Cond. 253, 109—110: Souvent doivent les cours tenir
Et leur bonne gent retenir
Mener grant joie et grant soulas.

I. Cond. 28, 297—9: Il doit estre liés à sa table
Et faire chière charitable,
Et entendre les menestreus.

II. Jub. 159: Bien doit li hauz hom estre jolis devant la
gent,
Cointes et acesmanz se il est de jovent,

Et doit son cors tenir bel et apertement,
Et si se puet vestir et bien et richement.

II. Jub. 160: Bien pucent le riche homme bele robe porter,
Tenir bele mesnie et riche don doner
Et fère fier samblant por lui fère douter.

III. Cond. 252, 91— 3, 96, 98—9: Se tristement se maintenoient
Et les grans festes ne tenoient
Pour leur bonne gent festoyer, —
Ains fussent esbahi et mu —
De toutes pars on leur venroit
Suscourre et leur païs destruire.

So wird denn auch den Fürsten in dieser Hinsicht Freigebigkeit gepredigt; sie sollen nicht ängstlich ihre Schätze hüten, sondern reichlich davon spenden. Geiz soll ihnen tötlich verhasst sein. Doch soll auch die Freigebigkeit Grenzen haben und nicht in Verschwendung ausarten. Der Herrscher wird von vielen Seiten angegangen und Allen kann er nicht geben; manch Einen hat übertriebene Grossmut zu Grunde gerichtet.

Desch. 23: A touz venanz avoir large maison
Avarice doit haïr mortelement.

II. Cond. 375, 129—31: Si dois ton cuer abendonner
A biel despendre et biel donner
A ciaus à il est employé.

I. Cond. 21, 108—9: Li rices hom a moult à faire,
Car cascuns veut del sien avoir.

ib. 114—7: Ne drois ne raisons ne comande
C'on doinst le sien si a volée.
Car mainte gent a afolée
Fole larghece, biĕn le dis.

ib. 113: Il ne puet mie à tous donner.

Vgl.: I. Cond. 240, 205; 28, 291—3; 20, 72—3; 120—30; 200—5; III. Cond. 161, 5—11: Desch. 39; Man. 171—2; Watr. 127, 65—7; 146, 251; 148, 317—8.

Ferner wird dem Fürsten Milde und Güte angeraten, den Leuten seines Hofhalts besonders soll er mit freundlicher Herablassung begegnen, denn dem leutseligen Herrn dient Jeder gern, der hochmütige aber ist bald gehasst. Wie er sich aber einerseits vor hochfahrendem Stolze hüten soll, muss er andrerseits darauf achten, dass diese Herablassung nicht in Vertraulichkeit ausarte, die bei dem Untergebenen den Respekt untergräbt. Der Abt G. Muisis stellt die Fürsten der guten alten Zeit auch in dieser Hinsicht als nachahmenswerte Muster hin.

I. Cond. 28, 294—5: Dous et humbles et descendans
Et plein de grant misericorde.

Watr. 141, 121—5: Haus hons qui a en son mesnage
Debonnaire et humain visage
Et à touz monstre bonne chière,
Chascuns li veult son avantage
Et le servent de bon corage.

ib. 353—5: Qui la petite gent desprise
Par fol orgueil veut desprisier,
Et trop en fait à méprisier.

Desch. 4: Princes qui ont peuples à gouverner
Ne se doivent pas trop humble moustrer
A leurs subgiez, qui ent sont maintefois
Enorgueilliez et craignent moins le drois
Quant reçoivent familiaritié des souverains.

II. Muis. 18, 4: En rois, en dus, en princes et en chevalerie
Régnoit humilitet, orgheul n'amoient mie.

Vgl.: I. Cond. 23, 182—4; II. Cond. 153, 72—80; ib. 375, 134; Desch. 35; 39; I. Jub. 345; II. Jub. 153; Watr. 142, 133—6; 149, 349—51.

Der Fürst soll beständig in seinen Entschlüssen sein; seine Worte soll er wohl abwägen und sich vor unbedachten Versprechungen hüten; sein einmal gegebenes Wort soll er nicht drehen noch deuteln. Die Wahrheit soll er über Alles stellen und nichts mehr verabscheuen als die Lüge.

II. Jub. 159: Puisque li haus hom set bien par son sens
ouvrer
Ne doit sont bon conseil par autrui sens muer,
Se on ne le puet fère à meillor apoier.

I. Jub. 345: Et si prenez à verité
Conseil de vos bonnes paroles.

I. Muis. 293, 5: Princes se doit warder de parolles vollages.

Desch. 23: Vérité ait: tel doit estre régent.

II. Muis. 127, 1: Pour pierdre, pour wagner ne pour amour
ne ment.

Das Privatleben des Fürsten muss makellos sein, denn er soll in dieser Hinsicht seinen Unterthanen ein gutes Beispiel geben. Namentlich soll sein Eheleben tadellos sein. Gegen gute Vergnügungen lässt sich nichts einwenden, doch ausschweifende Lustbarkeiten soll er meiden. Deschamps rät den Fürsten, sich ihren Vergnügungen, wie z. B. dem Spiel, nur unter sich und womöglich selbst ohne Zeugenschaft der Diener zu überlassen, um alles Gerede zu vermeiden.

I. Jub. 343: Roys vo vie doit estre monde
Et nete de vilains péchiez,
Et vo cors si bien entechiez
C'on praigne à vous bonne essemplaire.

II. Muis. 127, 3: Soyés de corps castes, warde tes mariages.

II. Jub. 160: Et puis après si puet es biaus déduis aler.

I. Cond. 28, 289: Haus hom ne doit amer riote.

Desch. 5: Et s'il leur plaist eulx esbatre au jouer,
Soit fait à part en leurs sures destrois
O leurs princes, sans varlez appeller,
Et qu'il n'en soit renommé ne voix.

Die Fürsten sollen nicht Schmeichlern oder Verleumdern ihr Ohr schenken, vielmehr solche Leute aus ihrer Umgebung zu entfernen und unschädlich zu machen trachten. Am besten halten sie sich derartige Personen durch Missachtung fern.

Watr. 127, 41—2: Haus hons, qui veuls valour et honneur
conquerer,
Ne laisses menteour entour toi arrester.

II. Muis. 127, 1: Ne croy les raporteurs onkes légièrement.

Watr. 153, 460—1: Ainz soit par toi li bons estruis,
Li mauvais mesdisans destruis.

I. Cond. 250, 134—5; 139—41: Ne pour desloial losengier
Ne doit haus hom entrer en ire. —
Mieus ne puet-on tel gens ocire,
Que leur parler et yaus despire
Et amer conseil droiturier.

Vgl.: Desch. 23; 55; I. Cond. 247, 89—91; III. Cond. 277,
7—9; I. Muis. 126, 4; Watr. 128, 80; 133, 47—8; 145, 220;
199, 97—8; I. Rtbf. 22.

Darum werden die Fürsten auch davor gewarnt, Leute aus
geringem Stande zu hohen Würden zu erheben; denn solche
Emporkömmlinge verfallen am ehesten in die angedeuteten
Fehler.

I. Cond. 251, 181—3: Moult grant vilennie
Fait riches home s'il a envie,
Se li povres en bien s'avance.

III. Cond. 281, 124—6: Car li vilains d'ordure estrais,
Si tost qu'il parvient à richesse,
Il het honneur et gentillesce.

Vgl.: III. Cond. 280, 94—6; Watr. 78, 37—9; ib. 32—4.

Dagegen sollen die Herrscher mit scharfem Blicke aus ihrer
Umgebung die rechten Leute herauszufinden wissen, um sich
deren Rat zu bedienen: die Guten, Weisen und Tapferen, Männer,
die sich nicht scheuen, ihnen die Wahrheit zu sagen. Als Vorbilder werden auch hier wieder die Fürsten früherer Zeiten angeführt, die nur die edelsten und erprobten Vasallen um ihren
Thron duldeten, namentlich Alexander und Karl der Grosse, die
von einem Aristoteles bezw. Naimes von Bayern trefflich be-
raten waren.

I. Jub. 344: Vous devez miex les bons connoistre
Assez c'uns nouviaus aprentis.

Desch. 148: Faietes les bons, saiges et vaillanz querre
Pour vous servir, ceulz amez chièrement.

ib. 54: Lui failloit gens qui deissent vérité
Sans mal engin et sans chetiveté.

Bible Gu. 191—5: Dex! Com estoient honoré
Li saige, li bon Vavassor!
Cil furent li consilleor
Cil fesoient les dons doner
Et les riches cors assenbler.

III. Cond. 296, 209—15: Li prince de ça en arriere
Si tenoient autre charriere,
Car en leur compaignie avoient
Les plus preudommes qu'il savoient,
Les plus gentieus, les plus hardis,
Esprouvez par fès et par dis
Qui honnour plus qu'avoir amoient.

I. Jub. 187: Alixandres si crut le conseil Aristote
Le grant Charles Naymon qui n'ot penssée sote.

Vgl.: I. Cond. 23, 173—5; 28, 283—5; 247, 49—53; 90—5;
250, 193—4; II. Cond. 109, 55—85; 154, 27—31; III. Cond. 275,
249—51; 296, 209—15; I. Muis. 126, 4; 294, 4; Watr. 125,
14—16; 126, 27—8; 128, 80—1; 133, 47—8; II. St. Hilaire 42,
10—13.

Wenn sich die Fürsten aber einmal gute Ratgeber und zu-
verlässige Freunde gewonnen haben, so sollen sie auch danach
streben, sie sich zu erhalten.

Namentlich sollen sie einen treu befundenen Mann nie durch
verleumderische Verdächtigungen aus ihrer Gunst verdrängen lassen,
bevor sie nicht offenkundige Beweise für seine Schuld haben.
Vielmehr sollen sie den Verleumder mit Verachtung strafen.

II. Jub. 152, 1: Si vous amez un homme et vous foi i trovez,
Gardez ne soit à vous légièrement meslez.
S'on vous dit mal de lui, por ce ne le creez
Jusqu' à tant que li droiz en soit bien esprovez.

II. Jub. 153, 1: S'on blasme un homme à tort, jà n'en doit
estre pire,
Ainz doit-on assez miex le medisant despire.

Ferner warnt der Dichter noch vor zu grosser Mitteilsamkeit;
der Fürst soll sich nur einem erprobten Mann anvertrauen, der
ihm Hülfe und Trost bringen kann.

II. Jub. 153: Gardez-vous d'une chose, si ferez que senez,
Que tout votre couvine à la gent ne contez,
Se ce n'est à tel gent que vous moult chier
créez,
De qui vous doiez estre aidiez et confortez.

Schliesslich werden dem Fürsten noch Fleiss und Kenntnisse
empfohlen.

Desch. 23: Estre (doit) saige et diligent.
ib. 54: Et que surtout ait des bons cognoissance.
Vgl.: II. St. Hilaire 41, 1—9.

2) Der Ritterstand.

Das Vorrecht adliger Geburt, lehren die Dichter, ist wertlos,
wenn nicht die Gesinnung gleichfalls den Menschen adelt. Niemand
ist in Wahrheit ein Edelmann, der nicht wirklich edel von Charakter ist. Ein Königssohn von niedriger Gesinnung ist im wahren
Sinne des Worts ein „Vilain", ein armer aber rechtschaffner Hirt
ist mehr wert als er. Und Nichts ist für einen Edelmann schimpflicher, als für einen „Vilain" zu gelten. Jenes Rittertum, das nur
in äusserlicher „Gentillesse", d. h. allein in höfischen Formen ohne
sittlichen Gehalt sein Höchstes sieht, vergleicht der Dichter drastisch
mit einem Misthaufen, der mit prunkvollen Tüchern bedeckt ist.

III. Cond. 193, 121—4: Toute franchise et gentillesce
N'est fors qu'envieuse richesce:
Il n'est gentillesce qui vaille
Envers celui du cuer sans faille.

I. Cond. 179, 104—6: Nus n'est vilains se de cuer non
Ne nus gentius hom ensement
S'il n'oevre de cuer gentiument.

Bible Gu. 1018—21: Et cil qui la (vilonie) fet est vilains
De cuer et de cors et de mains,
Le filz le Roi, s'il la fesoit,
Ice puis-je prover a droit.

III. Cond. 194, 158—61: Mais miens vant .i. bons pastoriaus
Qui voie de bien faire tient,
C'un fils du roy qui se maintient
Ordement et vilainement.
II. Cond. 252, 30—2: Et c'est cose qui mal avient
A celui qui doit gentius estre
Kant on le tient de vilain iestre.
III. Cond. 140, 25—7: De celui di qui ainsi oevre
Que c'est chius qui un fumier cuevre
De dras d'or, de pourpre et de soie.
Vgl.: II. Jub. 55; I. Cond. 176, 7—8; 85—93; 253, 74—5;
III. Cond. 97, 14—6; 139, 10—11; 26—7; 31—3; 193, 121—4;
II. Muis. 54, 3.

Der Edelgeborene hat infolge seiner edlen Abkunft und
ehrenwerten Familientraditionen die naturgemässe Verpflichtung,
edel zu denken. Es ist geradezu unnatürlich, wenn der Abkomme
eines Hauses, das seit Geschlechtern auf Ehre hält, aus der Art
schlägt, und doppelt ist er daher zu verachten, denn er beschimpft
dadurch nicht nur sich, sondern auch seine Familie. Je höher
ein Mann gestellt ist, desto mehr entstellen ihn niedrige Charakter-
züge. Doppelt geehrt werden aber soll, wer edel von Geburt
und Gesinnung ist.

I. Cond. 175, 1—5: Tout adiés doit le hons gentius
A gentillesce estre ententius,
Se de nature ne forligne,
Selonc raison que tient sa ligne.
II. Cond. 251, 14—5: Tu fais tout premiers honte à toi
Après à ciaus qui t'apartiennent.
I. Cond. 178, 84: Plus est haus hom, plus est vilains.
II. Cond. 107, 18—20: Car qui voet verité conter,
Molt est haus hons de petit pris,
Quant il s'est à bas voler pris.
III. Cond. 190, 47—50: Mais s'il est hons de gentil geste,
Qu'il ait gentil cuer et houneste,
On li doit porter honneur double,
Puisque gentillesce en lui double.

7

Vgl.: II. Jub. 53; Man. 589; I. Cond. 100, 65—6; 175, 3—4;
II. Cond. 251, 14—7; 20—1; 87—8; I. Cond. 256, 337—8.

Entsprechend diesen Grundvorstellungen von ritterlichem
Wesen sind die einzelnen Ermahnungen gehalten. In erster Linie
wird die Quelle aller wahren Ritterlichkeit, „Courtoisie", (vgl.
I. Albin Schultz S. 121—2) empfohlen.

II. Cond. 374, 88—9: Et si te dois courtoisement
    Maintenir en fais et en dis.

Vgl.: II. Jub. 155; Watr. 189, 72; I. Cond. 59, 383: 103.
137; 253, 231; II. Cond. 254, 87—8.

Diese Mahnung wird nun sehr spezialisiert, wie ja bei der
umfassenden Bedeutung des Wortes nur natürlich ist. Eines der
ersten Erfordernisse der „Courtoisie" ist, fein und höfisch im Innern
wie im Äussern zu sein und jede „Vilonie" zu verabscheuen.

III. Cond. 97, 8—9: Car gentiex hons se doit tenir
    Gentiument de cuer et de cors.

II. Cond. 253, 74—5: Dont ne dois en ton cuer nule eure
    Vilainne tece consentir.

Vgl.: I. Cond. 49, 101; 47, 57; 48, 98; 49, 105; III. Cond.
139, 6—8, 10—11; 140, 35—6; II. Jub. 141.

Schon in frühester Jugend soll sich der zukünftige Ritter für
seinen hohen Beruf vorbereiten. Als Vorbild wird die gute, alte
Zeit gerühmt, wo man den Edelknaben die besten Lehrmeister gab.

II. Cond. 253, 56—9: Si voes à honneur
    Venir et en avancement
    Prendre en dois le commencement
    Entreus que tu ies jovenes dans.

Vgl.: Man. 597—8.

I. Cond. 247, 61—6: Drois dist que an l'ancfen temps
    Livroit on à gentius amfanns,
    Pour yaus nourir et doctriner
    Varlés loiaus et antendans,
    Sages, courtois et connaisans,
    Qui nul mal n'osaissent penser.

Mit dem Augenblicke, wo der Knappe Ritter wird, tritt
für ihn die hohe Verpflichtung ein, seines edlen Standes ein-

gedenk stets nur das Gute zu wollen, das Schlechte aber, wo und wie es ihm entgegen treten mag, zu hassen und zu vernichten.

I. Jub. 328; 329: Quant li hons chevaliers devient,
Puisqu'il a la haute ordre prise,
Il doit estre de honte empreise. —
Doit-il estre moult ententis
As gentix oevres maintenir.

I. Cond. 47, 58—9: Et doit estre tous ses acors
Au bien faire et au mal laissier.

Vgl.: I. Jub. 290; II. Jub. 156; I. Cond. 47, 57, 61—31, 91—5; 59, 383; 99, 62—3; 102, 115—6; II. Cond. 51, 103; 374, 86—7; III. Cond. 252, 80.

Als eine weitere Forderung der „Courtoisie" erscheint für den Ritter die Verpflichtung, sich ausschliesslich in der Gesellschaft der Guten zu bewegen, von denen er lernen kann; vor schlechtem Umgange soll er sich bewahren.

II. Jub. 151: Après vous voudrai dire qu'est bons enten-
demenz:
Ce est se li hom est avoec les bones genz,
Les enuiex devez sagement eschiver,
Quar fole compaignie fet mainte homme
blasmer.

Desch. 119: Des prodommes suir la compaignie
Leurs diz oïr et aprendre
Et des vaillanz les prouesces comprendre.

Vgl.: II. Cond. 252, 20—1; 71, 4.

Doch soll der Ritter nicht hochmütig sein. Armen Standesgenossen soll er in zuvorkommender Weise seine Achtung bezeugen. Das geringe Volk soll er nicht verachten und misshandeln, vielmehr daran denken, dass sie Christen sind so gut wie er. Es wird ihm vielmehr gerade Bescheidenheit, ja Demut gepredigt.

III. Cond. 154, 79: Ne soiez de cuer orgueillous.

II. Jub. 140: Droiz dit un mot qui est de pris:
C'on honeurt ses povres amis,
Non pas sanz plus del sien doner,
Mès saluer en mi le vis.

7*

ib. 151: Se vous estes vaillanz et de haute puissance
Onques por ce n'aiez les povres en viltance.

ib. 154: Et se vous poissanz estes, bien vous devez
garder
De plus povre de vous lédengier et fouler.

Man. 581—2: Choiles, je sunt il crestïen
Ne sunt paien ne Sulïen.

Descc. 119: Humble cuer ait. —
Et entre touz se doit tenir le mendre.

Höchst unritterlich ist es, hinterrücks zu verleumden: nicht minder hat sich der wahrhaft nach „Courtoisie" strebende Ritter vor Geschwätzigkeit zu hüten.

II. Jub. 153: Vous ne le devés mie en derrière escharnir:
Gentis cuers ne doit mie en décevant trahir.

I. Cond. 49, 100: Peu parliers (doit estre).

Vgl.: II. Jub. 155; 156; 141.

Pflicht des höfisch erzogenen Ritters ist, die Damen zu ehren. Aus zwei Gründen wird ihm dies nahe gelegt: Einmal um der Jungfrau Maria willen, die auch ein Weib war; zweitens deshalb, weil Alle von einem Weibe geboren sind. Namentlich soll er Wittwen und Waisen schützen.

I. Cond. 48, 80—1; 85—7: Il doit son cuer appareillier
A toutes dames hounerer.
Por le mère Dieu, c'est li une,
L'autre si est à tous commune,
Pour çou que tout de femme vienent.

Desch. 119: L'Eglise devez deffendre
Le vefve aussi, l'orphenin entreprendre.

Vgl.: I. Jub. 330; II. Cond. 158, 24—6.

Zum Wesen der „Courtoisie" gehört schliesslich auch, dass der Ritter frohe Geselligkeit liebt.

Ailes. 319—23: Ke nus cortois ne doit blamer
Joie, mès toz jours joie amer
Et entre les enjoïssans
Joie faire et estre joians
De lor solaz et de lor vie.

Die zweite Tugend, die unzertrennlich mit dem Begriffe der Ritterlichkeit verknüpft ist, ist die „Prouesse". Nicht minder zahlreich sind auch in diesem Punkte die Ermahnungen der Dichtung. Man. 593: Proz ot hardiz seit sagement.
Watr. 195, 277—8: Moult est bonne la preceüre
          Que l'omme em prouesce meüre.
Vgl.: I. Cond. 48, 98; 53, 200—2; 59, 382—3: 253, 231; Watr, 187; 196, 306—14.

Was unter dieser Rittertugend verstanden wird, sagen uns die einzelnen Unterweisungen. In erster Linie begreift die „Prouesse" kriegerischen Mut und Tapferkeit in sich. Im Ernstfalle wie im Kampfspiele soll der Ritter Alles daran setzen, mit Leib und Seele danach streben, Sieg und Ruhm zu gewinnen. Nichts soll er fürchten als Feigheit und Schande.

I. Cond. 49, 107—110: De çou le convient entremetre
          Et le cuer et le cors si mettre,
          Qu'ïl mete tout en la queriele,
          Cors et avoir en aventure.

II. Cond. 74, 85—6: Quel grief qu'il ait
          Le tournoy pour ce pas ne lait.

ib. 140—3: Et si fierement se combat
          Que là demeure mors u pris
          Où teil los acquiert et teil pris,
          Que il s'en fait pour preu tenir.

II. Cond. 253, 50—1: Se tu voes houneur avoir.
          Crien honte, à houneur parvenras.

II. Cond. 71, 2—3: Si doit iestre sans tricerie
          Sans lasketé et sans foiblece.
Vgl.: Desch. 119; Bible Ber. 649—52; Watr. 193, 186; 194, 216; I. Cond. 47, 48—51; II. Cond. 71, 5; 75, 121—2; II. Mont. 131; Ailes. 150—3.

Unermüdlich soll der Ritter darauf bedacht sein, sich im Waffenhandwerk zu üben, abzuhärten und Ruhm zu gewinnen. Seiner Dame zu Ehren soll er auch auf Abenteuer und Turniere fahren. Gewarnt wird vor der Thatenlosigkeit oder dem Verliegen

„Perece". Als Muster solcher ruhmbegierigen Ritter werden
wieder die der guten, alten Zeit hingestellt.

Watr. 188, 31—2: Et ses cors nulle heure du jour
Ne chace ne repos ne sejour.

I. Cond. 49, 124—5: Il li covient priès et loing querre
Et le cors d'armes mout pener.

Desch. 119: Toudis doit travaillier
Et pousuir fair de chevalerie,
Guerre loyal, estre grant voyagier. —
Tournois suir et joister pour s'amie.

I. Cond. 49, 128: Et si ait en despit pereche.

I. Jub. 188: Jadis por los aquerre, et pris et vasselage,
Aloient par païs et par terre et parage.

Vgl.: Watr. 188, 36—9; I. Cond. 8, 220—1; 17—7; II. Cond.
51, 77—89; 71, 3; 73, 76; II. Jub. 331.

Als ganz besondere Vorbilder gelten der Dichtung die Ritter
zur Zeit Gottfrieds von Bouillon, die an Abhärtung, Mut und
wilder Tapferkeit Unübertreffliches geleistet haben. Sonst werden
als Ideale ritterlichen Wesens noch Hector, Judas Maccabäus und
Roland gefeiert.

I. Cond. 9, 225—6: Au tans Godefroi de Bouillon
Furent el sane jusc'al filon.

ib. 8, 218—22: Ils trenchoient tiestes et cols
Et bras et puins et piés et jambes.
Si ne dormoient mie en cambres
Ains gisoient en leur haubiers
Ensi com li emfant es biers.

I. Jub. 188, 7: Hector fu li plus preus de la grant paiennie,
Judas Machebéus de la juiverie,
Rollans des crestiens.

Wahre „Prouesse" begreift auch Frömmigkeit in sich. So
finden sich zahlreiche Ermahnungen zur Liebe zu Gott und seiner
Kirche. Die Ritter sind das Schwert der Kirche, alle Feinde der
letzteren sollen sie daher ausrotten. Gelobt werden die Ritter
früherer Zeiten, welche die Kirche ehrten und reichlich beschenkten
und die deshalb auch sichtbar in Gottes Gunst standen.

Ailes. 290—2: K'il n'est si biele cortoisie
U nus hons puisse demorer,
Ke de sainte glize ouvrer.

II. Cond. 52, 101—3: Quant chevaliers se voet nommer,
Dieu doit siervir, croise et amer,
Honourer clergiet et le temple.

ib. 145—7: Il doit iestre, c'est ma devise,
Droite espée de sainte eglise,
Quant chevaliers à droit voet iestre.

III. Cond. 252, 81—5: Et si se doivent aprester
De combatre tous ceulz qui mesfont
Enver sainte Eglize.

II. Muis. 16, 6: Sainte-Église signeur adont tout hounouroient
Et as foundations partout il s'acor doient.

I. Cond. 8, 209—12: Qui se tenoient à la foi
Sanz contredit et sans defoi
Ses aidoit Dieu apertement
Toujours aloient acroissant.

Vgl.: I. Cond. 96, 29; 247, 73—5; II. Cond. 53, 116, 130—48;
374, 97—8, 83—4; I. Jub. 290; II. Jub. 150; 157; 160; Desch. 119;
Man. 593—596; 603; II. Muis. 131, 3.

Am Besten kann der Ritter seine fromme Gesinnung bethätigen,
indem er das Kreuz nimmt und entweder als Streiter gegen die
Ungläubigen oder, wenn hohes Alter ihn kampfunfähig macht, als
Pilger ins gelobte Land zieht. Zahlreich fordern die Dichter dazu
auf und können nicht genug die Ritter von ehemals rühmend her-
ausstreichen, die für den Glauben übers Meer gezogen sind. Ein
Kreuzzug gehört ihrer Meinung nach unbedingt dazu, um sich
wahrer „Prouesse" rühmen zu dürfen.

II. Cond. 60, 408—10: Ains qu'il soit chevaliers parfais,
Li convient qu'il voist outre mer
Por sa prouece confremer.

I. Cond. 61, 415—7: Car puisqu'il a le poil cangié
Pendre puet as armes congié
Et devotement le crois prendre.

II. Mus. 20, 4: Jadis il tournoient pour yaus exersciter,
Pour aler outremer as paiens résister.

I. Cond. 7, 181—5: Mais li preudome qui jà furent
I alerent si come il durent;
Et tant en metoient à mort,
K'encore en sont biel li remort
Et li fait plaisanz à reprendre.

Vgl.: I. Cond. 61, 427—30; 16, 441—5; 7, 188—90; II. Cond. 374, 100—3; III. Cond. 252, 82—5; I. Jub. 188; 242; 243; 377; II. Muis. 275, 7.

Dem wahren „Prodomme" geziemt streng rechtliche Gesinnung. Die Ritter sollen sich also vor Rechtsverletzungen hüten; namentlich werden sie davor gewarnt, Strassenraub zu verüben, die Einkünfte oder Besitztümer der Geistlichkeit zu beschlagnahmen und ihre eigenen Unterthanen zu bedrücken. Vielmehr sollen sie strenge Gerechtigkeit halten und alle Übelthäter in Schrecken setzen. Gegen ihre Leute, denen sie besondere Treue und Liebe schulden, da sie ja von ihnen erhalten werden, sollen sie gütig sein und dieselben gegen alle Vergewaltigungen schützen. Wieder werden die Ritter von früher als rühmliche Vorbilder hingestellt.

I. Desch. 119: Prodoms loyaux (doit estre) sans rien de
l'autre prandre,

Man. 537—40: Chevalier deit espée prendre
Por justisier et por defendre
Cels qui d'els funt les autres pleindre.
Force et ravine deit esteindre.

II. Cond. 375, 104—5: Si ne dois pas autrui descroistre,
Le sien ne tollir ne embler.

Man. 605—6: N'ait envie de malvaise vice
Ne prenge desme ne premice.

I. Jub. 290: Ne par lor fais ne par lor trais
Ne sont abeïes grevées

II. Muis. 130, 1: Gouvernés vos subgis sans prendre nul hansage.

Man. 553—4; 577—80: Grainor fei deit sire a son home
Que non a seignor et a dome. —

Molt devon chiers aveir nos ohmes,
Quar li vilen portent les somes
Dont nos vivon quant que nos summes
Et chevaliers et clers et domes.

I. Jub. 288: Chevalier (doivent) vivre bel et gent,
Par justice mener lor gent.

II. Cond. 51, 52: A ses gens iestre deboinnaire.

ib. 53: Jauls tenser de leur anemis.

II. Muis. 20, 7: Jadis bon justichier nul racat ne souffroient,
Mais par boin jugement meffaisansjustichoient.
Proumesses, or, argent pour riens il ne
prendroient.

ib. 16, 5: Il estoient content de leur possessions
Et ne faisoient mie grandes exactions;
Marchandises couroient de toutes régions.

Vgl.: I. Cond. 50, 132—5; 60, 390: 98, 60—1: 99, 63; 101,
107; 102, 112; II. Cond. 51, 67—8; 52, 87—9; III. Cond. 252,
84—5; II. Muis. 131, 2; 4—6; I. Jub. 290; 332; 377; II. Jub.
141; 142; 154; 156; 157; 160; Desch. 119.

Wer sich entehrender Handlungen wie z. B. des Verrats
oder Raubes schuldig macht, soll mit Schimpf und Schande aus
dem Ritterstande gestossen werden.

Man. 623—8: S'a traison se veult amordre,
Ne par engin pincier et mordre,
S'il doit l'en bien desordener,
Tolir l'espee et grief penner,
Les esperons escoleter
Et d'autre chevalers geter.

Auch ein geregelter Lebenswandel wird anempfohlen.

II. Cond. 52, 108—9: Qu'il tient ses heures justement
Et n'en trespasse eure ne point.

Die dritte Haupttugend des Ritters, die „Largesse", wird
nicht minder nachdrücklich hervorgehoben. Nichts ist für ihn
verabscheuungswürdiger als schmutziger Geiz; ein geiziger Ritter
verdient nach Baudouin de Condé gehängt zu werden.

Doch auch die Freigebigkeit gilt als eine Kunst, die recht

gelernt sein will; daher finden sich mannigfache Unterweisungen,
wie sie zu üben sei. Wer auf „Largesse" Anspruch macht, soll
nicht ängstlich auf Hab und Gut sehen, soll nie daran denken,
dass er schon gegeben hat, vielmehr, dass er stets spenden soll.
Namentlich soll sich die Freigebigkeit auf arme Standesgenossen
und Sänger erstrecken. Vor allen Dingen soll er ein offenes
Haus und eine gastfreie Tafel führen, an der Jeder willkommen
und gerne gesehen ist. Nie soll er sich seine Freigebigkeit hinter-
her reuen lassen. Als Ideal ritterlicher „Largesse" gilt Artus.

Ailes. 163—5: Hons qui vuet largece faire
　　　　　　　 Ne doit pas garder à avoir
　　　　　　　 Ne ke sa terre puet valoir

ib. 238—40: Ne nus larges ne doit penser
　　　　　　　 A son don puisque doné l'a,
　　　　　　　 Ainz doit penser que il donra.

I. Cond. 103, 146—8: C'est bien raisons c'on hace lui
　　　　　　　 En cui hostel on muert de fain.
　　　　　　　 Celui het Dieu et tout li mons.

ib. 151—2: Pendus soit-il, sans jà despendre,
　　　　　　　 Et tout cil ki bien en diront.

I. Cond. 58, 342—5: Despendre et donner à fuison
　　　　　　　 Dou sien as povres chevaliers,
　　　　　　　 Et doit vidier ses sas maliers
　　　　　　　 Por tout donner as menestreus.

II. Jub. 152: S'à vostre mengier estes d'aucune gent sorpris,
　　　　　　　 Qu'il viegnent sanz viande çà cinc ou sept,
　　　　　　　　　　　　　　 çà dis,
　　　　　　　 Ne devez pas semblant faire que soiez esbahis;
　　　　　　　 Mès fètes bone chière, joie, solas et riz,
　　　　　　　 Et lor prometez miex quant vous serez garnis.

ib. 156: Se vous metez le vostre en biaus mengiers
　　　　　　　　　　　　　　 doner,
　　　　　　　 N'en biaus ostex tenir, n'en la gent honorer,
　　　　　　　 Ne devez mie après vo despens dolouser;
　　　　　　　 Mès à cels qui l'ont près plus biau sam-
　　　　　　　　　　　　　　 blant mostrer.

I. Cond. 5, 128—32: Ansi con fist le rois Artus,
Qui fu larges et despendans,
Et mout ama bachelerie
Et dames et chevalerie
Et donna largement tous dis.
Vgl.: I. Cond. 7, 187; 21, 114—9; 47, 63; 48, 98; 96, 21—2,
29; 100, 65—6; 102, 114—5, 118—20; 103, 130—4, 137; 248,
77—8; 253, 231—2; II. Mont 131; Desch. 119; Bible Ber. 650;
Watr. 189, 72; I. Jub. 188; II. Jub 62; 153; Ailes 214; 242—3.

B. Der geistliche Stand.

Gilles li Muisis verweist auch hier wieder auf die gute, alte
Zeit als nachahmenswertes Vorbild, wo die Kleriker aller Rang-
stufen treu ihre Pflicht erfüllten und den Laien mit gutem Beispiel
vorangingen. Deshalb wurden sie auch von den letzteren geachtet.
Wenn die Geistlichkeit auch jetzt nur den Anfang machen wollte,
so würde sich die gesammte Gesellschaft bessern.
II. Muis. 275, 8: Les gens de Sainte-Église religieusement
Siervoyent les églises et moult dévotement
ib. 18, 8: Li séculer clergies en tous cas hounouroient
Et gens de Sainte-Église boins exemples
monstroient.
ib. 15, 7: Et toutes gens d'église se leur estat tenoient,
Ensi c'on fist jadis, tout le siècle lairoient.
ib. 385: Se clergiés commenchoit, pluseur s'amenderoient.

1) Die Weltgeistlichen.

Die hohen Weltgeistlichen, welche die Würden und Pfründen
zu verleihen haben, werden vor Bestechlichkeit gewarnt. Sie
sollen die Weihen nur Geistlichen von tadellosem Rufe und guten
Kenntnissen geben. An ihren Gerichtshöfen soll strengste Gerechtigkeit walten.

I. Muis. 350, 1: Prélat et patron doivent donner les bénéfisces.
A chiaus voir qui sèvent et bien font leur
offisces.

II. Jub. 157: Vous qui poez doner les biens de sainte Yglise.
Vous le devez doner léaument.

Man. 317—24: Ordener deit bon clière et sage
De bones mors, de bon aage
Et né de leial mariage;
Peis ne me chaut de quel parage.
Ne deit nus proveire ordener
Se il mostier li veult doner
Que il ne sachent sermoner
Et la gent bien aressoner.

ib. 297—8; 521—4: Ne prenge rien por dreit tenir
Ne por leialté meintenir. —
Garder deivent que coveitise
A loier prendre nes afise
O dé raïne leial justise
Et poi dure malvaise prise.

Vgl.: Man. 313—6; 341—2; I. Jub. 288.

Sie sollen sich um ihre Untergebenen kümmern, für ihr leibliches und seelisches Wohl Sorge tragen, namentlich sich den Armen wohlthätig zeigen. Gewarnt wird vor Habsucht und Wuchergeschäften.

I. Muis. 349, 6: Prélas de ses subgis doit avoir cognissance.

ib. 358, 5: Il doivent plus as âmes k'à ches avoirs
entendre.

Man. 351—2: Nis tensor ne deit aïmer
Fors por aus povres communer.

ib. 413—4: N'emprunt pas a jable n'a monte
Por tenir de chevaus grant conte.

Vgl.: I. Muis. 349, 4—5; II. Muis. 120, 5—6; Bible Gu. 830—4; II. Cond. 372, 43.

Was das Privatleben der Prälaten anbetrifft, so werden sie zu Reinheit und Einfachheit des Lebenswandels ermahnt.

Man. 345: (Soiez) chaste de cors et de parole.

I. Muis. 389, 3: Che n'est mies houneurs de vous désordener
D'abis et de viestures, jovène vie mener.

Als Vorbild sollen ihnen die Kirchenfürsten der guten, alten
Zeit dienen.

I. Muis. 387, 4: Il tenoient les voies de leurs prédécesseurs,
Et leur pooir donnoient as sages confiesseurs,
Et sans debtes laisçoient trèstout as sub-
cesseurs.

ib. 5: Li prélat moult amoient li grant et li menut.

Vgl.: I. Muis. 345, 1, 2, 5; 346, 1—4; 350, 1—2; 374, 1.

Die Curés sollen wahre Seelsorger ihrer Pfarrkinder sein; sie
sollen sie mit Milde und· Ernst vom Bösen bekehren und ihnen
stets den rechten Weg weisen. Sie sollen keine Mühe in ihrem
Amte scheuen und nie vergessen, dass sie dereinst über die ihnen
anvertrauten Seelen werden Rechenschaft ablegen müssen.

II. Cond. 54, 157—61: Li priestres doit ensi monstrer
Les gens qu'il a à gouvrener
Le bien toudis et ensengnier
Et ne doit painne ressongnier
Pour iaus gouvrener et estruire.

II. Muis. 358, 7: Et se doivent souvent leurs subgiz castyer,
Les aucuns par rigueur, aucuns par biel pryer.

ib. 367, 4: Toute boine doctrine doit de curés dépendre;
Le manière de vivre doivent as gens aprendre.

II. Muis. 143, 3: Raison pour leurs subgis convient les curés
rendre,
Dont doivent nuit et jour à leur salut entendre.

Vgl.: Man. 331—6; II. Cond. 54, 162—3; 165—7; I. Muis.
109, 2; 367, 8; 338, 3; 371, 1; II. Muis. 141, 5; 144, 3.

Sie sollen nur einmal des Tages die Messe lesen (vgl.
I. Teil B, 1.).

I. Muis. 378: Célébrer une fois le jour doit bien souffire.

Sie sollen mildthätig gegen die Armen sein, da sie ja selbst
von Mildthätigkeit Andrer leben.

II. Cond. 372, 41—2: Et dou tien, qui d'aumonnes vient,

As povres partir t'en convient.

Ihr Lebenswandel soll rein sein, denn er soll der Gemeinde als Vorbild dienen. Namentlich wird zur Nüchternheit gemahnt. Überhaupt aber sollen sie sich hüten, den Laien Anlass zum Gerede zu geben; wenn sie schon einmal sich vergessen, so rät ihnen Abt Gilles li Muisis in einem Abschnitte unter der bezeichnenden Überschrift „Si non caste, tamen caute!", es im Geheimen abzumachen. Der Kleriker verleugnet sich auch hier wieder bei ihm nicht!

I. Muis. 367, 2: Se doivent tous les jours vie d'angle mener,

Exemples de saintet à leur subgis doner.

ib. 150, 7: Vivre dois tous jours en grant sobriétet.

II. Muis. 143, 1: Songneusement se doivent warder de tous

diffames.

I. Muis. 383, 2: Clergiés se doit warder pour les lays naitement;

S'on fait aucune chose, che soit secréement.

Vgl.: Bible Gu. 824—7; II. Cond. 373, 65—6; I. Muis. 141, 1; 366, 6; II. Muis. 143, 3—4; 392, 3—4.

Zum Vorbilde sollen ihnen die Curés der guten, alten Zeit dienen, denen alles Gute nachgerühmt wird.

I. Muis. 345, 2, 3: A leurs subgis moustroient maint boin

ensegnement,

Leurs offisces fesoient souvent sollempnel-

ment. —

Les jeusnes à leurs tiermes moult saintement

tenoient,

Et quant li temps venoit, portout il visetoient

Leurs maisons.

ib. 371, 3: Doucement s'entr'amoient li curet et li

peules.

Curet n'avoient mie grant envie, ne grant

meules,

Mais moult sogneus estoient des povres, des

aveules.

Vgl.: I. Muis. 108, 7; 346, 2; 371, 1—2; II. Muis. 65, 3.

2) Orden.

Den Mönchen wird eingeprägt, dass es nicht auf äusserliche Dinge bei ihrem Stande ankomme, sondern lediglich auf echt religiöse Gesinnung. Sie werden daher ermahnt, ihr Gelübde zu halten, sich in Werken der Demut zu üben, die Versuchungen der Welt zu fliehen und ihr stilles Klosterleben zu lieben. Alles soll ihnen im Kloster gemeinsam sein, Keiner soll eigenen Besitz haben. Fleissig sollen sie in der Bibel studieren, um das arme, unwissende Volk belehren zu können; pünktlich sollen sie die Horen einhalten; in der Kunst geistlichen Gesanges sollen sie Unterhaltung und Erbauung suchen.. Gastlichkeit soll in den Klöstern gepflegt werden, das bringt dem Orden Ansehen. Als Muster werden die Orden früherer Zeiten hingestellt, die reichlich den Armen gaben und sich doch selbst besten Wohlstandes erfreuten.

I. Muis. 192: Li bien large corone, ne li noire viesture,
Ossi le ronde bote, toute telle mesture.
Ne font mie le moine, mais conscience pure:
En son cuer tenir nait vrais moine mait se
cure.

ib. 146, 2: Wardés bien les trois veus de vo profession,
Fuyés à vo povir le fréquentation
De che siècle pervers: mais l'abitation
De vo moustier amés, et le dévotion.

I. Jub. 376: Doivent gent d'ordre grant plenté
Euvre faire d'humilité.

I. Muis. 202: Tous remèdes troèv-on souvent par escripture,
Dont doivent en aprendre moine mettre
grand cure.

II. Muis. 149, 5: Pour instruire le peule, ch'est drois k'on
estudie.

I. Muis. 189: Au cloistre par coustume doit-on sir en silence.
Et quand ot qu'il est poins et que li cloke
sonne
As heures doit aler en se propre persone.

ib. 203: Tout doit yestre commun, nuls ne doit riens
avoir.

I. Jub. 289: Doivent par conversassion
Abiter en la mansion
Où li apostre fu ravis.
Com rossignols et com mauvis
Chanter les chans que fist Davis.

I. Muis. 171, 4: Par cortois hosteliers naist boine renommée.
S'en est l'ordène partout vraiement honnerée;
Dont hospitalités soit tousdis demenée.

II. Muis. 65, 5: Gent rentet et églises jadis se chaviscoient;
As povres des aumonnes, quant point estoit,
faisoient.

Vgl.: I. Muis. 146, 1; 184, 6; 188; 189, 6; 193, 2—4; 202,
2; I. Jub. 288.

Die Äbte werden ermahnt, streng aber gerecht ihre Mönche
zu regieren und alle Unregelmässigkeiten im Kloster zu unter-
drücken. Wie Eltern ihre Kinder mit Ernst und Liebe erziehen,
so sollen sie ihre Untergebenen behandeln. Sie sollen den Frieden
unter den Brüdern aufrecht erhalten, die Kranken aufsuchen und
für sie sorgen. Im Urlauberteilen sollen sie streng sein, gegen
Feinde des Klosters energisch vorgehen.

I. Muis. 178, 5: Abbet sage bien doivent leurs moines
esprouver.

ib. 181, 1: Se vous volés au compte faire vo cose clère,
Castiés comme pères et amés comme mère.

ib. 199, 2: Ostés à vo pooir toute maise coustume,
Toutes désordenanches.

ib. 182, 6: Quand il prengent congiet, vous devés bien
savoir
S'il ont nécessitet.

ib. 156, 2: Le pais de vous subgis toudis devés warder,
A bien tenir justise ne vous devés tarder.

ib. 203, 1: Dans abbés doit songnier sur trestout des
malades,

D'eaus visiter souvent ne doit-il yestre fades,
Contre les anemis bien vigreus et bien rades.
Vor allen Dingen aber sollen sie selbst mit gutem Beispiele
vorangehen. Sie sollen nicht weltlichen Vergnügungen nachgehen,
sondern sich stets im Kloster aufhalten, selbst streng nach der
Regel leben und fleissig studieren, wie es die Äbte früher thaten,
die ihre Mönche wie Väter ihre Kinder liebten.

I. Muis. 154, 5: Vous alés par vos cours souvent esbanyer;
Au moustier devés iestre premiers pour Dieu
pryer.
Et avoec le convent canter et psalmyer:
Là plus k'au temporel vous devés sonnyer.

ib. 155, 3: Se vous estes présens, tousdis s'efforceront
Assés plus volentiers au moustier seront.

ib. 156, 3, 6: On vous a fait abbés. Pourquoy? Pour
gouvrener
Les âmes et les corps, exemples boin
donner. —
Sur tous autres par drois devés sobrement
vivre,
Estudier souvent, prest vous soient li livre.

Bible Gu. 1516—7: Tous les gardoient chèrement
Comme li peres son enfant.

Vgl.: I. Muis. 153, 2; 154, 3; 157, 3; 171, 1—4; 173, 7;
178, 7; 179, 1; 180, 5; 181, 2, 7; 198, 7; 199, 6.

Die Nonnen werden ermahnt, stets zu bedenken, dass sie
Seelenbräute Christi sind, und danach zu leben. Sie sollen sich
in Gebet, Schweigsamkeit, Arbeitsamkeit und Demut üben. Namentlich sollen sie sich vor jedem Luxus in der Kleidung hüten, um
nicht das Gerede der Leute herauszufordern.

I. Muis. 222, 5: Dames toutes vous yestes a vo Sauveur
espeuses.

ib. 219, 6: Pour l'amour del espeus vous yestes en
prison; —
En fiestyer l'espeuse ne doit avoir muison.

ib. 213, 5: Offisces de nonnains, c'est souvent Dieu
pryer;
Parler doivent si peu qu'il ne puist anuyer;
Toudis d'aucun ouvrage se deivent sonnyer
Et se doivent toudis partout humilyer.
ib. 226, 6, 7: Wardés que ne soyés de vanitet reprises.
On piert tout sen boin los moult tost par
maintes ghises. —
Soyés toutes certaines quand alés par cauchies
Que les gens vous rewardent comment estes
cauchies,
Comment de vos habis vous yestes coyntyes;
Des paroles malvais en ont tantost lanchies.

C. Der dritte Stand.

Die Bürger werden ermahnt, nicht aus ihrem Stande heraus-
zuwollen und es den Grossen an Pracht und Aufwand nachzu-
thun. Sie sollen sich redlich von ihrer Hände Arbeit nähren,
edle Freigebigkeit beweisen, namentlich gegen das arme Volk
gütig sein. Gerühmt werden die Bürger früherer Zeiten, die sich
bescheiden, ihrem Stande angemessen, hielten.

I. Jub. 291: Se bourjois vuelent à Dieu plaire
Franc doivent estre et debonaire,
Pour robe, lorains et chevaus
N'aient pas aguisiez les grans
Dont il font les chevaliers braire.
Vivre doivent de lor travaus
Aidier povres nus et deschans.
II. Muis. 154, 2: Les gens anchiènement bien et biel se
viestoient,
Et selonc leur estas lor viestures portoient.
Vgl.: I. Jub. 189; 288; II. Jub. 146; 159.

1) Die Reichen.

Die Dichtung nimmt Gelegenheit, die Nichtigkeit irdischer Güter darzulegen. Der Reiche schwebt sein ganzes Leben lang in Furcht, seine Schätze zu verlieren. Und was helfen ihm all' seine Reichtümer, wenn der Tod naht? Er kann sie doch nicht in jene andere Welt hinüber nehmen. Darum wird der Reiche an den Ausspruch Salomons erinnert, nicht zu vergessen, dass ein guter Name mehr wert sei denn alle Schätze, und wird ermahnt, ohne Hochmut zu sein, ein gutes Leben zu führen und von seinem Besitz grossmütig an Bedürftige abzugeben.

Bible Ber. 369—70: Li riches muert de paor
Qu'il ne la perde chascun jour.

ib. 626—8: Jà contre mort ne gariront
Richesse d'avoir ne de terre
Que chascuns bée ore à conquerre.

II. Muis. 89, 8: Car on n'a riens au sien quant on est
trespassés.

II. Cond. 257, 61—3: Si nous fait Sallemon savoir
Que il vaut miex boin non avoir
Que grant riquece.

ib. 376, 171—6: Rice bourgois emparentés
Qui em boinne ville ies rentés,
Soies preudons de bonne vie,
Tout sans orguel et sans envie,
S'onneure clers et cevaliers
Et soies courtois hostiliers.

II. Muis. 89, 8: Nuls de liement faire ne doit iestre lassés.
Ensi fait boin despendre ches avoirs enmassés.

Vgl.: II. Cond. 146, 39—42; 70—4; 158, 19—30.

Jean de Condé zeigt, wie verkehrt der Zug der Welt ist, sich überall ehrfurchtsvoll vor dem Reichtum zu beugen, der oft auf unsaubre Art zusammen gescharrt ist. Er giebt bei dieser Gelegenheit den Unterschied zwischen wahrer Ehre, die auf rechtschaffnem Denken und Handeln beruht, und die Niemand dem Menschen verleihen noch nehmen kann, und jener bürgerlichen Scheinehre, welche meist ganz unverdient erwiesen wird.

*8

.IICond. 147,55—6; 59—60; 69—79: Or y a une honneur mondaine
Qui de salut d'ame est lointaine. —
Bien véons nous, çou est la somme,
Au siecle honneure on le riece home. —
Qui honeur voet à droit aquerre,
Par bien faire le doit enquerre
Par hardement et par proece
Par courtoisie et par largece,
Par sens et par religion
Ensi conquiert hounour li on.
Non pas par autrui bareter
Ne pas autrui deshireter,
Par aquerre fiés et masures,
Par deniers prestés à usures
Ne par marceandise fause.
Si est mainte ricece aequise
Par assés miervelleuse guise.

2) Die Armen.

Die Armen werden aufgefordert, in Gottesfurcht zu leben
und unermüdlich zu lernen und zu arbeiten, um sich vorwärts zu
bringen. Wem es in diesem Leben gar nicht gelingen will, dem
soll ein Trost sein, dass er in jenem andern Einer der Ersten
sein wird.

II. Jub. 159: Li povres hom doit tant aprendre et savoir
Et tant de bones tèches et tenir et avoir,
Qu'il en puit aquerre et honor et avoir. —
Et qui n'a en cest siècle ne avoir ne richece,
Si aint tant Dieu et croie et tout son cuer
i mece
Qu'il voist en Paradis en la trèsgrant hautece
Où toz jors aura joie sanz ire et sanz tristesse.

1) Kaufleute.

Die Kaufleute werden ermahnt, sich redlich ohne Betrug zu ernähren; angemessener Gewinn ist ihnen jedoch erlaubt.

II. Cond. 376, 177—80: Se marceans ies, soies tés
K'en toi ne maigne fausetés,
Ains mainne ta marceandie
Sans fauseté et sans boisdie.

Man. 815—6: Bien deit vivre de sa gaine
Mes tricherie n'i ateigne.

Vgl.: Man 805—8; II. Jub. 146.

Im Einzelnen wird diese Mahnung dahin zergliedert, dass sie nur gute und preiswerte Waaren, rechtes Maass und Gewicht haben sollen. Gewarnt wird vor Verfälschung der Nahrungs- und Gebrauchsmittel, dem Anpreisen schlechter Waare und dem Aufschlagen des Preises bei Termingeschäften. Als mustergültig wird die strenge Rechtlichkeit der Kaufleute in der guten, alten Zeit hingestellt.

I. Jub. 288: Marcheans (doivent) vendre loiaus chateus.

Man. 817—20: Ne vende pas eive por vin,
Pel de livre por de conin,
Ne foine por cenbelin,
Fust de pleine por mazelin.

ib. 811—12: Segont l'achat en seit la prise
Qui n'i ateine convoitise.

ib. 803—4: Que il aient segon lor leis
Leial mesure et leial peis.

ib. 825—8: Ne deit jurer par son meis vendre,
Ne sorfeire par terme atendre,
Fors tant com pout maintenant prendre;
Quar ce sereit usure rendre.

II. Muis. 275, 3: Marchéant en tous cas faisoient loyaltet.
Tout estoit loyalment vendut et acatet.

Vgl.: I. Jub. 290: II. Cond. 160, 79—92; 95—7.

2. Justizpersonen.

Die Richter sollen die Gesetze in Kraft erhalten und ihr Urteil mit unbestechlicher Gerechtigkeit fällen.

I. Jub. 189: Justicier cil qui ont justice à mains tenir
Le droit garder tous jours leur devroit
souvenir.

II. Cond. 376, 152—3: Par raison à faire l'avés.
Ne devés pas viers le tort pendre.
Besonders wird vor dem Verschleppen des Verfahrens gewarnt.

II. Cond. 376, 154—6: Ne faire autrui le sien despendre
Par atargement du raison.

Vgl.: ib. 149—151; I. Jub. 189.

Unnachsichtlich soll die Justiz mit Räubern verfahren, dieselben nicht blos am Gute, sondern am Leben strafen.

I. Cond. 28, 274—8: S'on i prent larron à meffait,
Pendre le fache sans desbourse.
Mais cius qui le pent à sa bourse,
Il ne tient mie à droit sa tiere,
Por k'il ne fait justice entière.

Die Advokaten werden ermahnt, nicht nur auf gute Einnahmen zu sehen, sondern unparteiisch das Recht von Hoch und
Gering zu vertreten, bereitwillig auch den Armen ihre Dienste zu
erweisen. Prozesse sollen sie nur annehmen, wenn dieselben Aus-
sicht auf Erfolg versprechen; eifrig sollen sie das Interesse ihrer
Klienten wahrnehmen.

I. Jub. 190: Li advocas resont por les causes deffendre,
Le droit doivent garder et en grant et en
mendre.

II. Jub. 288: Avocat (doivent) estre deligent.

ib. 289: Bons avocas pour Dieu travaille.
Onques ne commence bataille
Qu'il ne l'ait remirée ainçois:
S'il voit que la querelle vaille.
Mult est as povres gens courtois.
Il n'a mie engluez les dois
A prendre à .ij. pars ou à trois.

3. Beamte.

An die Beamten ergeht die Mahnung, treu und ehrlich, im

Notfalle i der Wahrnehmung deru Interessen ihrer Vorgesetzten oder Fürsten kühn und beharrlich zu sein. Vor Ausschreitungen sollen sie sich hüten, hingegen in der Ausübung ihres Amtes gegen Jedermann gütig und dienstbereit sein.

II. Cond. 376, 159—61: Soyés loiaus et véritables
Hardis en besoing et estables
O ton maistre et o ton seignour.

ib. 167—70: Soies courtois sans vilenie
Deboinnaires sans félenie,
Si siers haus et bas liement
Et te maintien joliement.

4. Sänger.

Die Sänger sollen sich an den guten Sitten, die sie an den Höfen kennen lernen, ein Beispiel nehmen und selbst nach „Courtoisie" streben. Ihren Beruf sollen sie stets recht erfüllen, immer fröhlich und guter Dinge sein, um gute Menschen auch aufzuheitern.

III. Cond. 377, 181—5: Ménestrós, qui de boinnes gens
Vis par les dons rices et gens
Que on par frankise te donne,
Drois est que tes cuers s'abandonne
A biel siervir de ton mestier.

I. Cond. 257, 364—6: Car qui les courtois et les preus
Voit souvent et est entour eus,
Prendre y doit on grant avantage.

II. Cond. 377, 199—201: Soiés de cuer nes et polis
Courtois' envoisies et jolis,
Pour les boinnes gens solacier.

Ueber Wert und Wesen rechter Sangeskunst giebt Jean de Condé Auskunft, indem er sein eigenes Programm entwickelt. Zunächst will er unterhalten, aber der eigentliche Zweck seiner Kunst ist ein sittlich höherer, er will erziehend auf sein Publikum wirken. Die Schlechten wird er tadeln und zu bessern trachten, dagegen will er das Lob der Guten singen. Ähnlich spricht sich auch Watriquet aus. Doch muss sich der Sänger bei Ausübung dieses Berufs als Sittenrichter hüten, dass er niemanden zu Unrecht tadelt oder wohl gar absichtlich verleumdet.

III. Cond. 257,248—9: Car biaus mos trueve et les reconte
Dis et contes.

ib. 317—8; 253—4: Car jà jour mauvès n'amerai,
Mès en mes dis les blasmerai. —
De mal à fere les repren
Et à bien fere leur apren.

ib. 259, 319—20: Et si voudrai les bons prisier,
Hounourer et auctorisier.

II. Cond. 377,187—9: Ne dois pas siervir de mesdire
Mais de bien faire et de biee dire
Dou bien noncier, du mal céler.

Watr. 371, 128—31: Dire biaus dis et serventois
Parler du bien, le mal lessier,
Et les paroles abessier
Dont preudons puet estre honnies.

Jean de Condé ist sich des Werts seiner Kunst, die schon manch gute That aus der Verborgenheit ans Licht gebracht und manch Herz wieder auf den rechten Weg geleitet hat, wohl bewusst.

III. Cond. 253,128—30;133—4: Quar par menestrés, bien le di,
Qui resbaudissent les ostés,
Est hors d'anui mains cuers ostez
Et de mal pensser desvoiés. —
Et mains grans biens ramenteiis
Qui fussent célez et teiis.

Im Privatleben sollen sich die Sänger in Wort und That jungfräulich rein halten.

Watr. 369, 87—9: Mais en sa bouche avoir tous dis
Douces paroles et biaus dis,
Estre nés, vivre purement.

ib. 368, 26—7: Menestriex se doit maintenir
Plus simplement c'une pucele.

II. Cond 377, 202—3: Et te ne laisses pas lacier
D'ordure ne de ribaudie.

Vgl.: I. Jub. 288; Watr. 371, 127.

5. Dienstboten.

Alle Leute dienenden Standes werden ermahnt, ihre Arbeit freudig zu verrichten; sie sollen sich auf redliche Art ihren Erwerb suchen, ihre Herrschaft nicht übervorteilen und nicht anmassend gegen dieselbe sein.

I. Jub. 248: Toutes genz qui sont d'office serviable,
Qu'il soient tous jours liez en chambres
et en sales.

II. Cond. 378, 214—8: Sois loiaus en t'oevre faire
Et gardes k'autrui ne sourprendes,
Mais à droit ta désierte prendes,
Si ne soyes fel ne estous,
Ains oevre loiaument à tous.

Zum Schlusse sei es mir gestattet, Herrn Prof. A. Tobler für die Anregung zu dieser Arbeit meinen ergebensten Dank zu sagen.

Druck von A. Klarbaum, Berlin SO., Reichenbergerstr. 154.

Vita.

Natus sum Paulus Grabein a. d. V. Cal. Jun. h. s. anni LXIX in oppido Posen. Patrem Guilelmum adhuc superstitem esse gaudeo, cum matrem Annam e gente Krug praematura morte ereptam lugeam. Fidem profiteor evangelicam.

Litterarum primordiis imbutus gymnasium reale regium et deinde gymnasium, quod dicitur Falkrealgymnasium, frequentavi, maturitatis testimonio mens. Sept. a. h. s. XXXVII munitus sum. Tempore paschali anni sequentis, ut studio linguarum recentium operam darem, numero civium universitatis Berolinensis adscriptus sum. Auctumno ejusdem anni academiam adii Jenensem, unde aetate h. s. a. LXXXX reversus iterum per bis sex menses civium universitatis Berolinensis numero interfui.

Docuerunt me viri doctissimi: Brockhaus, Capeller, Döring, Klopffleisch, Kluge, Lorenz, W. Meyer, Pierstorff, J. Schmidt, Tobler, Treitschke, Wätzold, Zeller, quibus viris omnibus de studiis meis optime meritis ago gratias quam maximas.

———✦———